总第 12 卷　第 1 辑（2022）

盛京法律评论

SHENGJING LAW REVIEW

主编　闫海　郭洁

中国政法大学出版社

2022·北京

图书在版编目（CIP）数据

盛京法律评论. 第 12 卷/闫海, 郭洁主编. —北京:中国政法大学出版社,2022.9
ISBN 978-7-5764-0651-1

Ⅰ.①盛… Ⅱ.①闫… ②郭… Ⅲ.①法律－文集 Ⅳ.①D9-53

中国版本图书馆 CIP 数据核字(2022)第 171592 号

出 版 者　　中国政法大学出版社

地　　址　　北京市海淀区西土城路 25 号

邮寄地址　　北京 100088 信箱 8034 分箱　邮编 100088

网　　址　　http://www.cuplpress.com (网络实名：中国政法大学出版社)

电　　话　　010-58908586(编辑部) 58908334(邮购部)

编辑邮箱　　zhengfadch@126.com

承　　印　　北京中科印刷有限公司

开　　本　　720mm×960mm　　1/16

印　　张　　11

字　　数　　180 千字

版　　次　　2022 年 9 月第 1 版

印　　次　　2022 年 9 月第 1 次印刷

定　　价　　59.00 元

目　录

CONTENTS

CONTENTS

【生态文明法治】

国土空间规划立法：体系性困境与体系化建构[*]

方印　王明东[**]

内容摘要：现行空间规划立法的结构和功能都存在体系性问题，主要表现在立法的考量整体性、逻辑自洽性、形式一致性、结构层次性、价值融贯性等五个方面的缺失，亟待通过体系化方法予以解决。国土空间规划立法的体系化包括结构的体系化和功能的体系化。结构的体系化是指通过立、改、废、释等方式，构建全面、完整的国土空间规划立法框架，确定《中华人民共和国国土空间规划法》的基本法地位是达成这一目标的最佳选择。功能的体系化是指将各项规划法律功能配置给相应的法律法规，既注重国土空间规划法律法规内部之间的合理配置，也注重与外部相关法律法规之间的衔接协调。由此实现国土空间规划法律体系的有机统一。

---

[*] 本文获第三届中国自然资源法治论坛优秀论文"特等奖"，系 2017 年贵州大学人文社科学术创新团队建设项目"我国生态环境法制及防震减灾法若干问题研究"（GDT2017003）的阶段性成果。

[**] 方印，贵州大学法学院教授，研究方向：民法、环境与资源法、防灾减灾法。王明东，贵州行泰律师事务所实习律师，研究方向：环境与资源法。

关键词：国土空间规划　立法结构　功能体系　有机统一体

引　言

长期以来，具有空间性质的多种规划之间重叠冲突、权责不明、协调性差等问题严重制约了国土空间的高质量发展，催生了"多规合一"改革的诉求。为做到重大改革于法有据，实现立法与改革的适应性，我国应推进国土空间规划立法的体系化。从立法角度看，目前，现行立法已形成以《宪法》❶为核心，以《城乡规划法》《土地管理法》《环境保护法》等法律为主体，以相关法规为补充，以规章和技术标准规范等为配套的空间规划法群。❷但从法律实施效果角度看，部门利益影响、多头管理主导下的分散式立法使得这一法群存在重叠、冲突、空白、不衔接等问题，妨碍了外在结构协调和内在功能统一，最终导致了形式框架与实质功能上的体系性困境。为此，2019 年《中共中央、国务院关于建立国土空间规划体系并监督实施的若干意见》（本文以下简称《若干意见》）明确提出要建立国土空间规划的法规政策体系。2018 年第十三届全国人民代表大会常务委员会的立法规划将"国土空间开发保护法"列入需要抓紧工作，明确在条件成熟时提请审议法律草案。❸自然资源部 2019 年、2020 年、2021 年的立法工作计划均将《国土空间开发保护法》和《国土空间规划法》分项列入其中。在此背景下，我国有必要转变之前的分散式立法模式，采用体系化的方法对现行空间规划法群进行清理、修改和整合，实现国土空间规划法的结构协调与功能互补。

---

❶　宪法，即《中华人民共和国宪法》，为表述方便，本书中涉及的我国法律直接使用简称，省去"中华人民共和国"字样，全书统一，不再赘述。

❷　严金明、迪力沙提·亚库甫、张东昇："国土空间规划法的立法逻辑与立法框架"，载《资源科学》2019 年第 9 期，第 1601 页。

❸　全国人民代表大会常务委员会的立法规划将"国土空间规划法"列为立法条件尚不完全具备、需要继续研究论证的立法项目。

目前，规划学界主要是从技术层面对国土空间规划开展了大量研究。法学界在立法层面的研究则相对较少。立法层面的研究大致可被概括为如下几类：

第一，对国土空间规划立法路径、立法模式的研究。如张忠利对完善空间规划法制可供考虑的三种立法路径进行了比较探讨。❶李林林、靳相木、吴次芳对创设全新的、专门的国土空间规划法的逻辑路径进行了探讨。❷徐玖玖提出适度法典化是目前国土空间规划立法统合更为合适的路径选择。❸田亦尧、王爱毅提出我国国土空间规划立法以"基本法"作为法体模式更为妥当。❹

第二，对域外典型国家国土空间规划法的对比研究。如陈利、毛亚婕从荷兰国土空间规划的理念、模式、体制、系统以及公众参与等方面提出了可供我国完善、优化国土空间规划法参考、借鉴的经验。❺强真从德国国土空间规划法律的体系建构、内容框架的科学设置、与专项法律的统筹协调等方面提出了可供我国借鉴的相关建议。❻谭纵波、高浩歌在对日本国土规划法规体系的形成过程、基本框架、法规分类和主要内容进行分析后，提出了可供我国借鉴的建议。❼

第三，对国土空间规划法因应重大治理问题的研究。如熊健、

---

❶ 张忠利："生态文明建设视野下空间规划法的立法路径研究"，载《河北法学》2018 年第 10 期，第 45~58 页。

❷ 李林林、靳相木、吴次芳："国土空间规划立法的逻辑路径与基本问题"，载《中国土地科学》2019 年第 1 期，第 1~8 页。

❸ 徐玖玖："国土空间规划的立法统合及其表达"，载《中国土地科学》2021 年第 3 期，第 9~16 页。

❹ 田亦尧、王爱毅："国土空间规划立法的法体模式及其选择标准"，载《国际城市规划》2021 年第 3 期，第 83~90 页。

❺ 陈利、毛亚婕："荷兰空间规划及对我国国土空间规划的启示"，载《经济师》2012 年第 6 期，第 18~20 页。

❻ 强真："德国国土空间规划法律法规体系及借鉴"，载《中国土地》2019 年第 8 期，第 47~49 页。

❼ 谭纵波、高浩歌："日本国土规划法规体系研究"，载《规划师》2021 年第 4 期，第 71~80 页。

卢柯、姜紫莹等学者认为应全面将"碳达峰、碳中和"目标理念融入国土空间规划的法规政策体系。❶

然而，关于国土空间规划法的体系化问题，如何通过法律思维方式实现逻辑上的自洽性、通过何种路径实现国土空间规划立法的体系化等问题，尚缺乏深入的理论探讨与对策研究。基于此，本文将在梳理、归纳现行空间规划法律在结构和功能上存在的体系性问题的基础上，探讨实现国土空间规划法律体系化的价值意义与具体路径。

一、国土空间规划立法的体系性困境

现行空间规划法群是一个以单一空间要素为规制对象的法律文件集体，形成了调整城乡规划、土地利用规划、环境保护规划、主体功能区规划、公用事业与公共服务基础设施规划的法律法规子群。城乡规划主要依据《城乡规划法》《村庄和集镇规划建设管理条例》《省域城镇体系规划编制审批办法》。土地利用规划主要依据《土地管理法》、旧《土地管理法实施条例》（旧条例中有关土地利用规划的相关规定已在 2021 年修订过程中被替换为国土空间规划）及《土地利用总体规划管理办法》。资源环境保护规划主要依据《矿产资源法》《水法》《森林法》《草原法》《环境保护法》《自然保护区条例》《区域建设用海规划管理办法（试行）》。主体功能区规划尚无基本法层次的依据，主要以《关于编制全国主体功能区规划的意见》作为其编制、实施的依据。公用事业和公共服务基础设施规划主要依据《公路法》《港口法》《铁路法》《电力法》《航道管理条例》。国土综合规划主要依据《国土规划编制办法》《国家级区域规划管理暂行办法》。从"体系"的角度看，这些法

❶ 熊健等："'碳达峰、碳中和'目标下国土空间规划编制研究与思考"，载《城市规划学刊》2021 年第 4 期，第 74~80 页。

律法规群大多注重单行法律规范功能的发挥，逻辑体系性较差，无法在体化的框架内形成制度合力，难以科学应对和有效解决国土空间规划领域的宏观性、整体性事项以及需要调整的有关问题。具体而微，当前国土空间规划立法在结构上和功能上的体系性困境主要表现在如下五个方面。

（一）国土空间规划立法的结构体系性困境

1. 国土空间规划立法的整体性考量缺失

整体性考量，是指国土空间规划法应关注国土空间系统各要素之间的相互影响，整体性思考、谋划、推进法律条款的设计。现行空间规划法律因注重对单一空间规划的规制而忽略了体系化整合，使得"山水林田湖草是一个生命共同体"的理念在这种分割立法中没有得到有效贯彻，造成了城乡规划、土地利用规划、环境保护规划和基础设施规划之间的立法分离和立法碎片化。首先，立法分离表现为现行各类空间规划的编制、实施的职权等分别由不同部门、不同辖区立法规定，立法过程中产生了部门利益法制化、地方利益法制化现象。其次，立法碎片化表现为现行空间规划立法空白与立法冲突并存。一方面，国土规划、主体功能区规划、区域规划尚处于无法可依、无章可循的状态；[1]城镇体系规划与城市总体规划等上下级规划间缺乏监管的法律支撑，使得上级规划难以发挥其对下级规划预期的指导作用。另一方面，现行空间规划法律在内容上存在冲突，如《自然生态空间用途管制办法（试行）》《土地管理法》规定的自然生态空间用途管控制度与土地用途管制制度不一致。[2]

2. 国土空间规划立法的形式欠缺一致性

形式的一致性是法的外在体系科学性的要求。对国土空间规划

---

[1] 宋彪："规划立法论"，载《经济法学评论》2016年第1期，第37~40页。

[2] 徐玖玖："国土空间规划的立法统合及其表达"，载《中国土地科学》2021年第3期，第11页。

来说,形式上的一致性是指国土空间规划法的各概念、原则、规则之间构成具有一致性的整体。由于分散式立法缺乏通盘考虑,现行调整空间规划的各种规范在法律概念、规划期限、基础数据、用地分类、目标指标、管控分区等维度上存在矛盾和冲突,形式上差异性明显。

第一,基本法律概念不一致。例如,对林地概念的界定。《土地管理法》第4条、《农村土地承包法》第2条一般从经济属性或物权客体维度加以界定,林地包含在"土地"概念中,而《森林法实施条例》第2条则一般从生态属性或环境权客体维度界定林地概念,林地包含在"森林资源"概念中。❶又如,对滩涂概念的界定。从旧《土地管理法实施条例》第2条(该条款在2021年修订过程中已被删除)可推断出滩涂属于"土地"范围,而从《渔业法》第11条和《海洋环境保护法》第2条、第20条、第22条、第94条则可推断出滩涂属于"海域"范围。❷由此,"林地""滩涂"等同一地物在不同法律中具有不同内涵、外延及不同的法律属性。

第二,各相关法律的规划期限长短不一。如主体功能区规划为10年,旧《土地管理法实施条例》第9条规定土地利用总体规划期限为15年(这一规定在2021年修订过程中已被删除),《城乡规划法》第17条则规定城乡总体规划期限为20年,且在实际操作中各类空间规划起始不一,更加剧了规划期限执行的不统一。在规划的效力传导关系上,期限长的规划以期限短的规划为依据,致使时间轴更加混乱。

第三,规划决策缺乏明确的指标体系和管理规范,导致基础数据来源不同。如城乡规划来源于建设部门的调查与统计,土地利用总体规划来源于国土资源部门历年的土地变更调查数据,环境保护

---

❶ 周训芳:"《农村土地承包法》中的林地与林地权利",载《中国林业企业》2003年第5期,第30页。

❷ 王克稳:"论滩涂资源的法律属性及其法律适用",载《江苏行政学院学报》2014年第2期,第133页。

规划来源于环保、农业、林业、水利、城乡建设等部门的统计。❶

第四，各类规划的用地分类标准不一致。如《城乡规划法》《土地管理法》《森林法实施条例》对各类规划用地分类缺乏统一标准，导致某一地块依据土地利用规划应属于非建设用地，而在城乡建设规划中却是建设用地。❷

第五，各类规划的规划目标指向不同。如《城乡规划法》关注建设用地开发需求，《土地管理法》关注生态保护、耕地以及用地平衡，《环境保护法》则关注污染控制。同时，各规划的管控分区不同，如《省级空间规划试点方案》提出科学划定"三区三线"，《城乡规划法》第 17 条则提出"三区四线"。

3. 国土空间规划立法的结构层次性缺失

结构层次性，是指在调整不同的空间社会关系过程中，国土空间规划法应形成的具有上下位阶的规范等级体系。但是，现行各空间规划法律常常"以我为本"、争做"龙头"，相互之间的结构层次性缺失。首先，空间规划法律对基本国土空间规划制度未作出明确的功能定位，使得各空间规划法律法规之间的效力序位不明确。其次，空间规划法律之间欠缺相配套的衔接协调机制。如《城乡规划法》第 5 条，《土地管理法》第 17 条、第 22 条和《环境保护法》第 13 条虽然均规定国民经济和社会发展规划、各类空间规划应相衔接，但条文表述较为笼统，对衔接方式、解决争议的程序均未作出具体、明确的细化规定。❸国土空间规划立法应根据法律体系化理论的指引，建构合理有序的法律效力体系，不仅要在纵向上形成明确的上下级位阶关系，而且在横向上要处理好与已有空间规

---

❶ 冯长春等："小城镇'三规合一'的协调路径研究"，载《城市发展研究》2016 年第 5 期，第 16~23 页。

❷ 王开泳、陈田："新时代的国土空间规划体系重建与制度环境改革"，载《地理研究》2019 年第 10 期，第 2543 页。

❸ 史育龙："主体功能区规划与城乡规划、土地利用总体规划相互关系研究"，载《宏观经济研究》2008 年第 8 期，第 36、37 页。

划相关法律的衔接关系，使同一位阶的法律相互协同。

（二）国土空间规划立法的功能体系性困境

国土空间规划立法是在不同时期和不同的社会发展背景下形成的，且由于不同的立法部门主导立法，不可避免地出现了功能体系性问题，主要体现为基于不同目的制定的空间规划法律缺乏逻辑自洽性、价值融贯性，导致法律功能失调，综合调整合力不足。

1. 国土空间规划立法的逻辑自洽性缺失

逻辑自洽性，是指国土空间规划法的各概念、原则、规则之间应遵循某种严格的内在逻辑，以此为基础完成系统的规则组织和体例编排。现行空间规划法律主要对某一特定领域的规划问题进行调整，在制定时虽有可能考虑与既有法律之间的逻辑关系，但因属于对个别要素的调整，一般不会并且很难对其他单行法的制定或者修改进行预测和作出未来的安排。由此，在法律实施后，便可能出现遵循某一法律开展空间规划违反另一法律的现象。如《土地管理法》规制的土地利用总体规划虽然对农用地、建设用地、未用地进行了数量管控，但仅对土地的天然界线进行考量和设计，未对土地与城镇化关系作出界定，使得城镇布局结构缺乏完整性，基础设施难以在空间上落地。《城乡规划法》规制的城市总体规划虽然对土地的用途、开发条件和强度等作了规定，但在耕地占补平衡方面却存有漏洞，使得农业和生态空间被蚕食的现象持续凸显。❶城乡总体规划与土地利用总体规划在"生产、生活、生态空间"与"生态、农业、城镇空间"上存在逻辑交叉，划分标准不一致。《城乡规划法》第2条规定在"规划区"范围往往小于"行政区域"，使得城市总体规划同土地利用总体规划范围不一致。

---

❶ 赵涛涛、王旺："明确国土空间规划法律地位的必要性"，载《中国集体经济》2018年第27期，第100页。

2. 国土空间规划立法的价值融贯性缺失

价值融贯性是指国土空间规划法各项基本价值之间相互兼顾，以确保其整体的和谐与统一。现行空间规划法涉及众多的法律、法规、规章以及规范性文件，但在部门利益角力下，这些"各行其是"的空间规划法律规范所追求的立法目的不兼容、存有偏差，难以确切反映国土空间规划的核心价值、总体机能与立法的原则宗旨，缺乏价值的融贯性。如《城乡规划法》旨在通过优化城乡空间布局促进经济社会发展，并不过多关注土地征收、环境保护等公共利益事项，未明确生态环境保护规划的效力优先性，成了困扰生态环境保护的一大因素，❶而规制生态环境规划的《环境保护法》等法律规范则旨在推进生态文明建设、促进可持续发展。多元价值诉求难以融贯，可能是引发国土空间规划治理"失焦"的主要因素。

二、国土空间规划立法体系化建构的依据

（一）国土空间规划立法体系化建构的现实必要性

国土空间规划法律体系、国土空间规划管理体系、国土空间规划体系三者之间应是一种相互关联、逻辑递进的关系。在应然状态下，法律体系是顶层设计，是三者的逻辑起点，具有奠定趋势与引领走向的作用；管理体系是法律体系的分层对接，是三者的逻辑中介，具有衔接过渡的作用；规划体系是法律体系的具体呈现，是三者的逻辑终点。然而，现行规划立法的实然状态却采用了与此相反的推进方式，先有国土空间规划体系的改革，再有国土空间规划管理体系的改革。故在 2014 年、2017 年国家先后推行市县与省域两次"多规合一"试点改革，率先对国土空间规划体系进行整合；

---

❶ 徐以祥："论我国环境法律的体系化"，载《现代法学》2019 年第 3 期，第 85 页。

2018 年国家大部制机构改革将原相关部委的各类空间规划编制、监督实施职能整合到新组建的自然资源部，在对国土空间规划管理体系进行整合的历史背景下，亟待将立法视角转向国土空间规划法律体系这一治本之源，以便在法律框架下改革国土空间规划的编制、审批、监督实施的全过程，以确保规划运行的权威性与约束性。

1. 维护国土空间规划法制统一的制度需要

在国土空间规划体系建设进入新时代的背景下，还原论指导下的分散立法模式之弊端将被进一步放大，难以满足国土空间治理的现实需求。倘若继续沿用分散立法模式，通过频繁修补规则来应对国土空间规划领域不断出现的新问题、新关系、新诉求，必然会导致同一法律文本中的"过渡性条款"日渐增多，破坏国土空间规划法律的体系性。如在《土地管理法》《城乡规划法》《土地管理法实施条例》中，从土地利用总体规划、城乡规划过渡到国土空间规划体系的衔接协调条款将越来越多。❶因此，有必要改弦更张、转换视角，在整体论思维指导下理顺制度框架；通过体系化方法来合理安排国土空间规划的规范内容，使其各项制度和规范各就其位，消除制度之间的混杂与冲突，进而对现行分散化的、逻辑失序的空间法律规范进行科学化、体系化整合，实现国土空间规划法制的统一。

2. 保障国土空间规划体系建构的内在需要

一方面，2014 年以来，市县和省域两次"多规合一"改革试点工作成效显著，取得了如"统领性上位规划""技术性规范与管理性规范同步推进"等诸多可供镜鉴的立法经验。❷为确保"多规

---

❶ 为了解决规划衔接问题，《土地管理法》（2019 年修正）第 18 条第 2 款规定："经依法批准的国土空间规划是各类开发、保护、建设活动的基本依据。已经编制国土空间规划的，不再编制土地利用总体规划和城乡规划。"《土地管理法实施条例》（2021 年修订）第 2 条第 3 款规定："已经编制国土空间规划的，不再编制土地利用总体规划和城乡规划。……"

❷ 王操："'多规合一'视阈下我国空间规划的立法构想"，载《甘肃政法学院学报》2019 年第 6 期，第 137 页。

合一"改革于法有据，立法主动适应"多规合一"改革发展需要，有必要推动国土空间规划立法的体系化。另一方面，"多规合一"重构性改革虽然在某种程度上纾解了空间规划重叠冲突困境，但这种表面上的规划整合无法根治深层次法律冲突的"顽疾痼疾"，可以说是"治标不治本"。"多规并存"本质上是由统一协调的国土空间规划法律体系缺失导致的，国土空间规划立法体系化有助于从源头上解决各类空间规划问题，改变原有分散立法模式割裂国土空间系统各要素之间关联的局面，实现空间规划从割裂迈向统一、从单一迈向综合的重大转变。

3. 便利国土空间规划法律实施的实践需要

国土空间规划法的生命在于实施。只有将国土空间规划法的各项规则有机地联结成规范体系，才能确保国土空间规划法的有效实施，其价值才能得以充分体现。诚如有学者指出的那样，法的体系不仅能够增强法的"可综览性"，进而增强适用上的"实用性"，还能够增强裁判上的"可预见性"，进而增强法的"安定性"。❶因此，国土空间规划立法体系化的建构对遵守、适用国土空间规划法的意义不言而喻。一方面，国土空间规划立法体系化可以为国土空间规划编制主体、审批主体、实施主体、救济主体提供明确的行为规范体系，为监督主体提供明确的监督规则体系，增强法律关系主体在国土空间规划中行为的规范性和可预测性，为国土空间规划法的查阅适用、顺利实施带来极大的便利。另一方面，国土空间规划立法体系化将促使国土空间规划法律关系主体形成体系化的用法自觉，以体系化的思维方式分析、解决国土空间规划领域出现的问题，保持该法长久的生命力。

(二) 国土空间规划立法体系化建构的实践可行性

国土空间规划立法体系化是一项系统工程，需要具备一系列的

---

❶ 黄茂荣：《法学方法与现代民法》（第 5 版），法律出版社 2007 年版，第 471 页。

法律自身条件与外部社会条件。目前，我国国土空间规划法的形式条件、价值条件、组织条件以及域外立法经验业已造就出实现体系化的内部自身条件。

1. 国土空间规划立法体系化的法律条件

第一，我国已经具备国土空间规划立法体系化的形式条件。如前列述，国土空间规划领域立法已经存在数量众多的法律法规，除了不适宜和相互冲突的规范需要修正之外，尚存大量可用之制度框架和规范内容。

第二，我国已经具备国土空间规划立法体系化的价值条件。国土空间规划立法在遵循秩序、效率、安全、正义等传统部门法的基本价值的同时，融入了生态优先、绿色发展和可持续发展等新的价值理念，具有内在独特的价值体系。[1]在社会经济的不同发展阶段，土地规划、城市规划等空间规划对经济利益、环境利益、社会利益持有不同的态度，而生态文明发展战略和国家空间规划体系改革提出的生态优先、绿色发展和可持续发展目标，为实现单行规划法的体系化提供了统一的价值判断依据。

第三，我国已经具备国土空间规划立法体系化的组织条件。2018 年党和国家机构改革将原各部门的空间规划职能整合到新组建的自然资源部，推动国土空间规划立法体系化的组织保障已经具备。

第四，我国国土空间规划立法体系化有可供借鉴之域外立法实证经验。国土空间规划法律体系化主要有法典化和体系整合两种路径，并在多个国家得到实践。其中，荷兰是法典化路径的典范，[2]英国是体系整合路径的典范。[3]它们在自然资源空间管制的实践中

---

[1] 叶轶：“论国土空间规划正义与效率价值实现”，载《甘肃政法学院学报》2017年第 5 期，第 146 页。

[2] 周静、沈迟：“荷兰空间规划体系的改革及启示”，载《国际城市规划》2017 年第 3 期，第 113~121 页。

[3] 马永欢等：“对建立全国统一空间规划体系的构想”，载《中国软科学》2017 年第 3 期，第 16 页。

已经取得了可信的经验。在研判不同国情和立法适应性的基础上，我国国土空间规划立法可资借鉴。

2. 国土空间规划立法体系化的外部政治条件

国土空间规划立法体系化过程也是一个政治决策过程，需要强有力的政治支持。韦伯认为，法是去实施政治性意志决定的一种特殊工具，政治力量是促使国土空间规划立法体系化的直接原因与动力。❶我国国土空间规划立法体系化的外部政治条件已经成熟。

第一，国土空间规划立法体系化具有适宜的政治条件。国土空间规划立法体系化背后蕴含着深刻的政治背景和动机。习近平总书记生态文明思想、"绿色发展"理念、"五位一体"总体布局、"四个全面"战略布局以及建设美丽中国等，既是国土空间规划立法体系化的理论纲领和行动指南，也为其奠定了政治基础。

第二，国土空间规划立法体系化能获得政治上的许可和坚定的支持。国土空间规划立法体系化是由国家发起、领导，并由拥有立法权的立法机关负责的重大立法活动。立法过程离不开国家的全方位参与和大力支持，其立法目的、价值取向、基本原则与制度设计需要执政者予以确认，颁布之后还需要借助国家力量与权威保障实施。因此，政治上的许可和支持是国土空间规划立法体系化建构和施行的根本保障。在 2016 年中央财经领导小组第十二次会议上，习近平总书记强调"要研究制定国土空间开发保护的总体性法律"，深刻反映了领导者推动国土空间高质量发展的坚定决心与意志。将决策者政治目的通过国土空间规划立法体系具体化为普遍、明确的行为规范，有助于国土空间规划立法获得不同于一般性政治措施的权威性、强制性与稳定性。

3. 国土空间规划立法体系化的外部经济条件

国土空间规划法是为经济基础服务的上层建筑。促使国土空间

---

❶ *Max Weber on Law In Economic and Society*, Transl by E. Shils, Rheinstein M. Harvard University Press, 1954, pp. 68~69.

规划立法体系化的最深层次原因在于社会经济发展需要用协调统一的国土空间规划法律规范。可以说，国土空间规划立法体系化在一定意义上是对生态文明时代经济关系、经济生活要求的真实记载和切实回应，在一定程度上标志着我国新时代生产力发展的新阶段。随着经济社会发展进入高质量发展阶段，新的发展理念和"新要求"有力地推动着《国土空间开发保护法》《国土空间规划法》研究起草工作的进程。随着社会生产力得到更深层次的解放，国土空间规划领域出现了许多前所未有的新关系、新行为、新诉求和新问题。围绕生态文明建设、绿色发展转型，原有空间规划法律规范要么已经过时、要么相互矛盾冲突、要么存在许多立法空白和漏洞，体系化完善国土空间规划法律制度顺理成章地成了生态文明立法的优先方向和合理选择。

（三）国土空间规划立法体系化建构的理论正当性

法律体系化是法律科学性与正当性的客观要求。法律体系的形成象征着法律思维的理性化、法律技术的自觉化，标志着社会关系和立法的成熟程度。❶法律体系是法律的结构体系与功能体系的有机统一体。结构体系化体现为外在形式合理性，即通过配置不同的法律法规建构内容完整、形式一致、层次分明的立法框架；功能体系化表现为内在价值融贯性，即将立法体系所欲发挥的法律功能配置给不同的法律法规，以及外部关联性法律，衔接好在对象上和手段上相竞合的法律。结构体系化是法律自身体系建构的核心问题，直接关系到立法功能的发挥；功能体系化是法律的规范性要求，影响着立法结构的建构（国土空间规划立法结构的建构需要基于国土空间所欲发挥的功能进行系统性排列以使之集中起来），推动结构体系化和功能体系化的协调建构，最终形成立法的全面体系化。

国土空间规划立法体系化是法律体系化理论在国土空间规划法

---

❶ 马新福主编：《法理学》，科学出版社 2004 年版，第 121 页。

领域的具体运用，同样可被分为立法结构体系化和立法功能体系化两个维度。运用体系化理论可以有效地推动国土空间规划法律体系的科学建构，解决由分散立法模式导致的概念使用不统一、法律规范冲突等体系性问题。首先，通过结构体系化的建构来解决现行国土空间规划法律法规存在的冲突、空白和漏洞等问题，达到法律体系外在结构合理（形式理性）的要求。其次，通过功能体系化的建构促使国土空间规划法律体系的各项制度和规范各就其位，有效衔接外部相关法律，保证各法律规范功能布局的合理性与聚合性，达到法律体系内在功能合理（实质理性）的要求。

三、国土空间规划立法体系化建构的实现路径

国土空间规划立法的体系化建构需要从立法结构的体系化和立法功能的体系化两个方面展开。结构的体系化是国土空间规划立法体系化的基本前提，旨在厘清国土空间规划法体系内部的上下、左右、前后关系，既要正确把握每一层级国土空间规划法规的功能与定位，又要实现不同层级法规之间的配合与一致。功能体系化是国土空间规划立法体系化的规范性要求，旨在保证国土空间规划法体系功能发挥的最大化、最优化，既要促成功能体系建构，又要解决实施执行。

（一）国土空间规划立法结构的体系化

1. 国土空间规划立法结构体系化的模式评析

第一，单行法分散模式。该模式是指国家不再单独创立专门的《国土空间规划法》，而是由不同的法律就国土空间规划中的特定事项作出规定，这些法律共同承担调整国土空间规划行为的功能。这种模式通过修改现行空间规划法律法规，以个别条款的形式将"多规合一"改革的各项任务、政策目标嵌入现行空间规划法律法规。这种模式的优势在于，不仅能在一定程度上有针对性地解决国土空

间规划领域面临的困境和难题，还能有效地避免由部门法本质属性差异导致的各规范间的天然隔阂；立法难度相对较低，立法活动能在短时间内为"多规合一"改革提供可遵循的法律依据。然而，此种修补式的立法模式存在如下主要局限：首先，这种模式未打破现有空间规划法群，而是在其框架下"见缝插针""打补丁"式地填补立法漏洞，将继续维持土地利用规划、城乡规划、环境保护规划并存的多元分散格局；在编制规划时，规划编制机关仍然需要对现行空间规划法律所架构的各类空间规划进行衔接与协调，难以全面实现"多规合一"的改革目标，难以满足统筹国土空间规划法律的总体性立法。其次，由于法律属性和立法价值的差异，该种模式下逐一的法律修改方式会将外部矛盾内化于专项法本体，无法从根本上解决现行空间规划法律存在的结构性问题。

第二，基本法的统一模式。该模式是指在保持现行空间规划法律框架相对稳定的情况下，通过专门制定、颁布具有综合性、原则性和纲领性的《国土空间规划法》，为其他与国土空间规划相关的法律提供总则式指引，强化其对下位专项法的统筹、协调能力，进而形成以《国土空间规划法》为核心、各专项法并行不悖的法律体系。沿此立法路径，可考虑以循序渐进的方法先制定基本法，再适时通过法典化方式实现国土空间规划领域立法的体系化，最终《国土空间规划法》可经过改造成为《国土空间规划法典》的总则部分。该种模式的优势是突出的：首先，国土空间规划上位法制定后，立法可对国土空间规划相关事项作出抽象性、一般性、原则性规定。由此，基本法的统一模式有利于全面统筹《城乡规划法》《土地管理法》《环境保护法》等法律规范中的空间规划条款，形成清晰的立法层次和体系。其次，基本法统一模式能够跨主管部门形成立法合力，避免由单行法结构性欠缺带来的负面影响和危害，并可为国土空间规划有关内容的细化和展开提供依据。再次，以基本法推动国土空间规划立法体系化是落实国家顶层立法设计的政策要求。协调推动《国土空间规划法》立法工作，是为落实《省级空间规划试点方案》提出的构建部际协调机制而需要进行研究的重要议题之一。❶最后，从立法效率分析，制定《国土空间规划法》的难度适中、操作性较强，既能实现国土空间规划领域有法可依的目标，又能契合国土空间规划立法尚需要研究论证的客观实际。但采用此种立法模式也可能引发如下问题：一是创立全新的《国土空间规划法》不可避免地要耗费一定的立法资源；二是要处理与现行《城乡规划法》《土地管理法》以及一道纳入立法计划的《国土空间开发保护法》的衔接协调问题。

第三，整合法典化模式。该模式是指在对现行国土空间规划法律规范作出总则性规定的情况下，遵循"一般和个别"的逻辑进路，将现行空间规划法律规范按一定的体例整合到《国土空间规划法典》中予以统一规定。《国土空间规划法典》应分为总则和分则部分。总则通过提纲挈领的方式集中规定《国土空间规划法典》之目的、依据、效力、基本原则、核心制度、适用范围等关乎全局的根本性内容。分则通过提炼现行其他空间规划法律法规的核心内容，将后者统一纳入法典，分别形成分则各编内容，依次对主体功能区规划、土地利用规划、城乡规划、环境保护规划等特定规划类型作出明确、详细的规定。如此，整合法典模式可以形成法典化的外部形式和类型化的内部安排，有利于改变国土空间规划领域立法的分散性和低位阶性，以规范化和系统化的法典形态表现出的法律体系更加具有一贯性、统一性和协调性，避免了新法与旧法、一般法与特殊法、上位法与下位法等效力等级各异的空间规划法律法规发生冲突。❷

但是，整合法典模式需要较高的立法成本。首先，将涉及众多

---

❶ 田延华："省级空间规划试点正式全面开展——国家发改委有关负责人答记者问"，载 http://www.xinhuanet.com//2017-01/09/c_1120275542.htm，2020 年 10 月 30 日访问。

❷ 张忠利："以法典化思维推进国土空间开发保护立法"，载《人民论坛》2020 年第 26 期，第 109 页。

条款的国土空间规划法律法规整合精简到《国土空间规划法典》中是一个非常复杂的浩大工程。其次，需要成熟的立法条件。其一，社会经济发展对《国土空间规划法典》有强烈需求。其二，适宜的政治状况推动法典化立法形式。其三，整合法典模式已经具备技术条件，包括法治实践相对丰富、立法技术相当成熟、理论准备充分等主、客观条件成就。否则，复杂的整合法典模式在短期内恐难以完成修法任务，无法及时解决过渡期间的法律空白以及相关法律的改、废、释等问题。从我国目前的国土空间规划制度运行来看，尚不具备采用法典化模式实现国土空间规划立法体系化的条件。考虑到编纂《国土空间规划法典》的难度、成本、时长，可将这种模式作为日后发展愿景和国土空间规划法律体系化追求的终极目标。

在不同的历史时期，法律制定者基于不同的利益需求可能作出不同的立法模式选择。基于国土空间规划体系建构的现实诉求以及单行法分散模式效力有限、法典模式阻力巨大的现状，现阶段立法结构体系化更为适宜采用《国土空间规划法》为基本法的立法模式。

2. 以《国土空间规划法》为基本法的结构体系化

该种模式的立法内涵是：首先，确立《国土空间规划法》作为统领法、基本法的核心地位；其次，在规范层级上，空间规划专项法律作为骨干，法规体系为其补充，技术标准体系、规划（方案成果）体系作为配套规范。按照体系化的要求，各个部分规范之间按一定的逻辑合理编排成一个有机整体，共同为国土空间规划编制和实施提供法律依据。

第一，内部体例。《国土空间规划法》作为统领国土空间规划领域的基本法律，应选择符合国情的框架性立法模式。在立法主体上，该法应由拥有立法权的全国人民代表大会审议和颁布；在立法范围上，应涵盖各类空间规划，并做好与发展类规划的宏观衔接协调工作；在立法内容上，只原则性地规定政策目标、基本原则、核心制度，建构起具有基础涵盖力、综合协调力的框架体系。而针对上述事项的具体、明确的法律规范和操作细则则授权或留待其他专项法律、法规、规章予以规定。在法律位阶上，《国土空间规划法》的效力仅次于《宪法》，在空间规划法律体系中应处于核心地位，其他与国土空间规划相关的法律法规、司法解释和政策等均不得与《国土空间规划法》相冲突。同时，遵循《若干意见》对相关法律法规进行"立改废释"的处理要求，坚持立破并举、涤旧生新，加快创立调整主体功能区规划、区域规划、国土规划的专项法律，适时删改《城乡规划法》中滞后于国土空间规划法的有关内容，完善《土地管理法》等现行空间规划法律，在《国土空间规划法》统领下以下位专项法形式一同构成相关的主体法律。❶

国土空间规划立法体系应当包括由国务院针对各类空间规划在决策、实施手段、行业管理、反馈等方面制定的相应配套行政法规。诸如国土空间规划编制办法、审批管理办法、项目预审办法、空间规划咨询与督查法规、国土空间用途管制条例、国土空间规划实施法规、国土空间规划监察管理条例、国土空间规划行业法规等，以便为其具体实施提供相应的法律依据。❷国土空间规划立法体系应根据需要制定相应的部门规章，对各类国土空间规划条例中不能详细规定的具体制度加以规范。如空间规划"三区三线"划定技术规程、"多规合一"综合空间管控措施规范、规划成果数据标准规范、规划公众参与条例等制度宜被单独规定为一系列技术导则文本，❸以期为国土空间规划有关事项提供操作细则。

第二，外部体系。国土空间规划立法体系还应当包括地方性法规、地方政府规章，以规制各个行政区划内的国土空间规划行为。地方性法规、规章能够因地制宜地进行法律制度差异化设计，体现

---

❶ 黄征学、王丽："加快构建空间规划体系的基本思路"，载《宏观经济研究》2016年第11期，第12页。

❷ 王金岩、吴殿廷、常旭："我国空间规划体系的时代困境与模式重构"，载《城市问题》2008年第4期，第67页。

❸ 高国力："我国市县开展'多规合一'试点的成效、制约及对策"，载《经济纵横》2017年第10期，第42页。

地方的发展权益。当然,考虑到部分规划(如"京津冀空间规划")在范围划定上可能横跨两个或多个行政区域,可结合实际情况采取跨行政区划联合立法模式,但立法模式不能与上位法相抵触。

与其他治理活动不同,科学、系统的技术标准规范也是国土空间规划法律体系的有机组成部分。❶技术标准规范既是国土空间规划编制、合法性审查的重要依据,也是司法机关判定行政许可合法性、合理性的有效依据。但长期以来,部门主导下的空间规划体系形成了数据的统计口径、基础底图、坐标体系、数据库格式、用地指标多种标准共存的格局,导致各种空间规划内容重叠、价值冲突、实施效率低下。国土空间规划立法体系化所欲实现的重要功能之一就是清除国土空间规划的技术壁垒,为国土空间规划提供一套统一的技术标准。因此,国土空间规划法的体系化应制定、发布、实施相配套的基础标准、行业标准和技术规程,❷如《国土空间规划"一张图"实施监督信息系统技术规范》,以期为推进国土空间规划行为的科学开展提供技术依据。

在某种意义上,国土空间规划(方案成果)体系可被视为国土空间规划法律体系的衍生品和具体呈现。国土空间规划本身虽不具备法律的体系结构与规范结构,但也要经过编制、审批、发布等类似于行政立法的程序。遵循法律规定编制的法定规划成果具有法定性,应定位为适用于不特定对象的准行政立法(规范性文件),❸经过正当程序审定就必须严格遵守执行,避免"政府一换届,规划就更改""规划因某项政策或领导意志随意变动"等问题的发生。为切实推进和落实"多规合一",应对已经法定化或尚未法定化的空

<hr>

❶ 严金明、张东昇、迪力沙提·亚库甫:"国土空间规划的现代法治:良法与善治",载《中国土地科学》2020 年第 4 期,第 5 页。

❷ 赵广英、李晨:"基于立法视角的空间规划体系改革思路研究",载《城市规划学刊》2018 年第 5 期,第 44 页。

❸ 操小娟:"法治视野下市县'多规合一'问题探讨",载《华中科技大学学报(社会科学版)》2016 年第 5 期,第 60 页。

间规划进行整合，建构"五级三类"、上下衔接、分级管理的国土空间规划体系。具体而言：首先，在纵向规划层级关系上，应遵循事权一致、逐级细化原则，在纵向上处理好各级规划之间的连贯性，建构"国家级—省级—市级—县级—乡镇级"的五级规划，改变现行不同类型空间规划有不同编制与管理层级的现状，国家级规划侧重于战略引领和宏观管控，省市级规划侧重于上下衔接和自身建设，县乡级规划侧重于指标落地和分区控制。其次，在横向上，处理好各类规划之间的协调性，在每一个层级建构"总体—专项—详细"三类规划，总体规划主要侧重于概括性和综合性方面，专项规划主要侧重于针对性方面，详细规划主要侧重于具体运用和实施操作方面。

（二）国土空间规划立法功能的体系化

在实质意义上，国土空间规划立法的体系化体现为相关法律规范符合价值融贯性、内外部协调性的要求。在基本法的立法模式下，国土空间规划立法欲发挥的实质功能可以从内部纵向和外部横向两个维度进行协调、建构。

1. 内部功能视角下《国土空间规划法》的主要内容

内部功能应达到国土空间规划法律体系的统一性和聚合性标准。

第一，宣告《国土空间规划法》的功能定位。新法应该确立以表面上"多规合一"和深层次"多法协调"为价值宗旨的立法目的，推动国土空间永续发展和国土空间良法善治，并衍生出统领和传导两项相得益彰的机能目标。❶首先，赋予该法统领空间规划法律法规的机能目标。现行空间规划法律法规分布零散、相互衔接不够充分，统筹效果欠佳，割裂已成为常态。确立《国土空间规划

---

❶ 王操："'多规合一'视阈下我国空间规划的立法构想"，载《甘肃政法学院学报》2019 年第 6 期，第 139 页。

法》统领功能将促使其成为现行零散空间规范的聚合点，产生指导和约束作用，有助于明晰各类空间规划的法律地位。其次，赋予该法通过传导方式实现规范效力的机能目标。《国土空间规划法》在空间秩序整体的高度，采用顶层设计原则对国土空间规划的立法目的、指导思想、基本原则与主要制度做出统领，以效力传导的方式通过法规体系、技术标准体系和规划（方案成果）体系将具体制度条文化。一言以蔽之，《国土空间规划法》的功能定位即是国土空间规划领域具有统领和传导机能的基本法。

第二，规制利益相关主体间的权利义务。厘清附属在国土空间之上的多元主体间的权利义务关系是国土空间规划立法的重要目的之一。《国土空间规划法》应对具有共通性、基础性的相关主体之间的权利义务关系做出规定。利益相关主体包括既能够影响规划决策，也被规划决策所影响的政府、企业、公众等公权力主体和私权利主体，涉及的权利义务关系包括国土空间的开发与保护、不同市场主体的民事法律关系等。首先，在政府与企业的权利义务关系上，既要强化政府对国土空间资源管控的"刚性"，充分发挥公权力的纠偏功能；也要改进规划管控方法，强化政府对国土空间资源管控的"弹性"，推动国土空间资源市场化配置。❶其次，基于权利义务关系的多面向性与复杂性，需要《国土空间规划法》对限制甚至剥夺发展权、财产权、空间权等法律保留的专门事项予以明确规定，法律保留以外其他事项则可授权由行政法规、规章予以进一步补充规定。

第三，确定国土空间规划法的管理体制。管理体制建构的科学性、合理性会直接影响到国土空间规划法律实施的效果。《国土空间规划法》有必要确立一般性、原则性的管理体制，由专项法或者行政法规根据各规划的特殊性明确、细化具体的机构设置及其职责

---

❶ 董祚继："新时代国土空间规划的十大关系"，载《资源科学》2019 年第 9 期，第 1590 页。

划分。就职责权限而言，横向上不仅涉及发改委、住建部、生态环境部等多个主管部门之间的权责划分，而且还涉及地方上不同省份之间、不同区域之间以及不同类型国土空间资源之间的权利诉求。新一轮国家机构改革将分散于原各部委的空间规划管理职责统筹整合到新组建的自然资源部，基本上破除了空间规划编制与实施过程中强烈的部门化色彩，不仅为规划管理权的集中行使提供了必要的体制支撑，也为创立一部涵盖各方的《国土空间规划法》提供了组织保障。国土空间规划立法体系化应确立该行政体制改革后的组织成果。从国土空间规划管理制度运行的效果上看，纵向上涉及中央与地方的权属关系，中央和地方事权配置是否科学直接关乎国土空间秩序能否确立，将规划权过于集中在中央，往往会引发空间资源配置效率低下、管理僵化等问题；将规划权过于下放在地方，则往往会引发城市外延发展、空间资源浪费、生态环境破坏、耕地数量减少等问题。❶《国土空间规划法》应从提供方向性指引的角度对空间管理职责权限进行合理配置，微观规制则由专项法律法规作出规定。

第四，明确国土空间规划法的规制方式。鉴于国土空间规划涉及的要素多样、关系复杂，其具体规制应采用既"配合协作"又"限制制衡"的管理型、激励型、公众参与型的多元规制方式。首先，国土空间规划法最主要的规制方式是"命令—控制"模式下的行政强制管理措施，主要包括许可性、义务性和禁止性事项，如国土空间分区分类用途管制、国土空间规划许可、定期评估与监督考核、惩治措施与法律责任等。管理型规制应主要由国土空间规划法律、行政法规确立。其次，国土空间规划法也需要配置激励性规制制度，按照市场化的模式改进国土空间资源开发保护的实施机制，如国土空间规划基金制度、损害赔偿制度以及自然资源产权制度

---

❶ 张彤华："构建国土空间规划法律制度的一些思考"，载《城市发展研究》2019年第11期，第113页。

等。激励型规制应由国土空间规划法确立制度的基本架构，再由行政法规、规章确立具体制度。最后，国土空间规划法中还需建立公众参与制度和共建共治共享机制。公众参与制度应由法律规定基本架构，再由行政法规、规章对公众参与的类型、对象和模式等予以具体规定。

2. 《国土空间规划法》与外部法律的衔接

（1）《国土空间规划法》与规制对象竞合法律之间的衔接。

第一，需要做好《国土空间规划法》与《国土空间开发保护法》的有效衔接。这两部法律的关系划分事关各自的职责分工、功能定位与调整边界。从联系上看，国土空间规划是对未来国土空间如何开发、利用、保护、整治在时空上设计的行动方案，是实现国土空间开发保护的重要工具；国土空间开发保护是国土空间规划的目标与导向，二者互生互动，在内容上存在高度的重复性，是一种"打断骨头连着筋"的关系。但是，从区别上看，二者在立法目的与功能定位方面存在较大差异。就立法目的而言，前者是规制国土空间规划编制、审批、实施、监督，调整规划行政机关与利害关系人在规划运行过程中的各种权力（权利）关系，❶以建构协调一致的国土空间规划体系。后者是维持国家治理体系中的空间秩序，其不仅涉及国土空间规划制度，而且关联着国土空间可持续开发、高质量利用、高水平保护以及高标准治理等多侧面宏观空间布局。就功能定位而言，二者范围不同、任务不同。前者是空间规划领域的基本法，范围较窄，更具刚性和专业性；后者可被定位为"开发中的保护法"，范围更广，更具整体性和开放性。笔者认为，在立法工作计划已经以并行的方式将两法列为予以研究起草的项目的背景下，应理顺两法之间的逻辑关联，廓清两法的调整范围和规范对象，做好二者之间的衔接工作。

---

❶ 彭莉、王斌："我国国土规划法的若干法律问题思考"，载《国土资源》2004 年第 11 期，第 28 页。

第二，需要做好《国土空间规划法》与其他专项规划法律的衔接。现行空间规划法群中，除城乡规划有专门法律予以规定外，有关土地利用、国土资源、环境保护和基础设施等规划的内容大多以零星法律条款的形式分散在各项环境保护与资源利用法律中。因此，土地、环境、森林、草原等空间要素不仅是国土空间规划法律的规制对象，也是环境资源领域法律的规制对象。为了满足法律体系稳定性、协调性与一致性要求：首先，应处理好《国土空间规划法》与《土地管理法》《环境保护法》《森林法》等各类在调整范围上有所重合的法律之间的关系，如国土空间规划应处理好与环境影响评价制度之间的关系。其次，国土空间规划立法在"补白"的基础上还要"留白"。一方面，国土空间规划的编制、实施（如规划行政许可、行政征收等）必然会涉及对土地、房屋等空间对象物上权利的规制。故在《民法典》在绿色原则和绿色义务规定留有"接口"的情况下，国土空间规划立法需要按照绿色原则作出具体的规定，使得《民法典》可通过"引致"的方式实现与国土空间规划法律法规的衔接。❶另一方面，国土空间规划的编制、实施必然会涉及大量的环境法律关系，在国土空间规划立法中，需要对环境权等特殊生态环境保护内容留下制度"接口"，为环境法典的编纂预留立法空间。

（2）《国土空间规划法》与规制手段竞合性法律之间的衔接。国土空间规划法律内容还包括对国土空间规划编制、审批、实施过程中各类违法行为的行政许可、行政处罚、法律责任等内容，为实现程序公正，立法需要通过外接规范对接诉讼法有关诉讼程序的规定，对接民法、行政法、刑法有关法律责任的规定。对刑事责任而言，国土空间规划法不宜规定的，可直接通过引致条款适用刑法；对行政责任而言，《国土空间规划法》应具体规定违反国土空间规

---

❶ 吕一平、赵民："简论《民法典》与国土空间规划的关联性"，载《城市规划》2020年第9期，第63页。

划许可性、义务性、禁止性事项所需承担的法律责任；对民事责任而言，《国土空间规划法》在创新国土空间修复责任制度的同时，也要考虑与私法制度相衔接。

（三）国土空间规划立法体系是结构体系与功能体系的有机统一体

完成结构体系化和功能体系化最终达到国土空间规划立法的体系化。国土空间规划立法结构体系化是满足形式合理性的内在要求，侧重内部框架建构。基本法统一模式将配置不同的空间规划法律法规，可使国土空间规划立法在整体结构上满足内容完整、形式一致、层次分明之要求。国土空间规划立法功能体系化是满足实质合理性的内在要求，侧重内部功能分配与外部衔接协调，可使国土空间规划法在实质功能上满足价值融贯、逻辑自洽、内外部协调之要求。结构体系化和功能体系化的"珠联璧合"有助于形成形式框架和实质功能兼具的国土空间规划立法体系，是国土空间规划领域实现全面体系化立法期许的破局之道。只有这样，国土空间规划立法体系化方能保障"多规合一"的国土空间规划体系的建构。

结　语

现行空间规划立法无论是在外在结构上还是在内在功能上都存在比较明显的体系性困境。立法应认真落实《若干意见》提出的建立国土空间规划法规政策体系的要求，加快推进国土空间规划法的体系化建构。体系化方法的运用是增强国土空间规划法律体系科学性、合理性与自洽性的关键路径，具有现实必要性、实践可行性和理论正当性。国土空间规划立法体系化需要进行形式结构和实质功能两方面的体系化建构。目前，结构体系化较佳的立法模式是建构以《国土空间规划法》为基本法的模式。为实现国土空间规划立法框架的周密部署，该模式将配置相应的法律法规。功能体系化通过合理安排国土空间规划的原则、规则、制度和机制，确保各规范性文件发挥其在国土空间规划法律体系中的不同功能，并通过对话、沟通、协调机制以及引致条款实现与外部相关法律间的衔接与协调。结构体系化和功能体系化的有机结合将促使国土空间规划法律体系达到考量整体性、逻辑自洽性、形式一致性、结构层次性、价值融贯性等标准，从而破解现行空间规划法律存在的体系性困境，维护国土空间规划法秩序的安定和正义价值。

Legislation of China's Territorial Spatial Planning: Systematic Dilemma and Systematic Construction

Fang Yin   Wang Ming-dong

Abstract：There are systemic problems in the structure and function of the current spatial planning legislation, which are mainly reflected in the lack of five aspects：the overall consideration of legislation, the self-consistency of logic, the consistency of form, the level of structure, and the coherence of value. It needs to be solved urgently through a systematic approach. The systematization of territorialspatial planning legislation includes the systematization of structure and the systematization of function. The systematization of the structure refers to building a comprehensive and complete legislative framework for territorialspatial planning through establishment, reform, abolition, and interpretation, etc. , and determining the basic law status of the TerritorialSpatial Planning Law is the best choice to achieve this goal. The systematization of functions refers to the allocation of various legal functionsof territorial spatialplanningto the corresponding laws and regulations, which not only pays attention to the rational allocation of the internal laws and regulations of territorial spatial planning, but also pays attention to the connection and coordination with relevant external laws and regulations. In this way, the organic unity of the legal system of territorial spatialplanning is realized.

Keywords: territorialspatial planning legislation, structural system, functional system, organic unity

国土空间规划体系化及其制度保障[*]

国土空间规划体系化及其制度保障[*]

施志源[**] 李睿[***]

内容摘要：推动实现国土空间规划体系化是生态文明制度建设的重要一环。目前，我国国土空间规划仍然存在规划种类庞杂，规划内容缺乏系统性、整体性，规划层级链条过长，各层级规划衔接不协调等问题。我国目前尚无国土空间规划方面的专项法律，制度供给不足成为国土空间规划体系化的掣肘。为此，我国应当着力构建统一分类指标体系，健全国土空间规划体系化论证制度，完善规划编制制度，强化国土空间规划体系化的立法保障。

关键词：国土空间规划 体系化 制度保障

2015年9月21日，中共中央、国务院印发了《生态文明体制改革总体方案》，将"树立空间均衡的理念"作为生态文明体制改革的理念之一加以强调，并提出"构建以空间规划为基础、以用途

---

* 本文是2021年度国家社会科学基金重大项目"生态文明视野下自然资源资产产权法律制度研究"（项目编号：21ZDA091）的阶段成果。

** 施志源，福建师范大学法学院教授，博士生导师，博士。研究方向：环境与自然资源保护法学。

*** 李睿，福建师范大学法学院硕士研究生，研究方向：经济法学。

管制为主要手段的国土空间开发保护制度，着力解决因无序开发、过度开发、分散开发导致的优质耕地和生态空间占用过多、生态破坏、环境污染等问题"。作为国土空间开发保护制度的重要组成部分，国土空间规划体系化成了生态文明制度建设的重要一环。2018 年 11 月 18 日发布的《中共中央、国务院关于统一规划体系更好发挥国家发展规划战略导向作用的意见》（本文以下简称《统一规划体系意见》）提出："建立以国家发展规划为统领，以空间规划为基础，以专项规划、区域规划为支撑，由国家、省、市、县各级规划共同组成，定位准确、边界清晰、功能互补、统一衔接的国家规划体系。"2019 年 5 月 23 日发布的《中共中央、国务院关于建立国土空间规划体系并监督实施的若干意见》（本文以下简称《国土空间规划若干意见》）虽然明确了国土空间规划体系的总体思路，但国土空间规划不成体系的问题仍然没有得到有效解决，在法治框架内推进国土空间规划体系化已成为时代之需。

一、国土空间规划体系化的难点分析

从横向上看，国土空间规划可能出现在同一层级的多个规划中，这给国土空间规划体系化带来了挑战。目前，我国国土空间规划存在规划类型繁多，空间治理主体多元（见表 1），各层级、各类别规划功能过杂，不同类型规划之间相互冲突，隶属关系混乱、不清晰等问题。在缺少部际协同、互通有无以及信息不对称的情况下，各部门难免会表现出机构和职能上的"膨胀"和"重叠"，部门之间的利益博弈促使部门割据现象的产生，导致增长指标竞争、空间竞争型规划越位，生态环境规划滞后和缺位，重增长、轻保护。❶

---

❶ 孟鹏等："'多规冲突'根源与'多规融合'原则——基于'土地利用冲突与"多规融合"研讨会'的思考"，载《中国土地科学》2015 年第 8 期，第 3 页。

表1　各级各类规划所涉主体汇总

规划类型 观测点	经济社会发展规划	土地利用规划	城乡规划	生态环境保护规划	主体功能区规划
主管部门	发展和改革部门	国土资源部门	城乡规划部门	生态环境部门	发展和改革部门
编制方式	自上而下	自上而下相对统一	相对独立	自上而下	自上而下两层编制
审批机关	本级人大	上级政府	上级政府	本级人大	国务院、全国主体功能区规划编制工作领导小组
监督机构	本级人大	上级政府	本级人大上级政府	本级人大	国家发展和改革部门、监察部门

　　从上表中不难看出，不同类型规划之间的不协调给国土空间规划体系化带来了阻力，不同地域规划的内容缺乏全国一盘棋的统筹规划。例如，大连、青岛和深圳虽然都是我国重要的沿海中心城市，但地理区位、人文、经济发展方向并不相同，却都将自身的发展目标或城市性质定位为"全球海洋中心城市"。此外，省市的国土空间规划大都重城市建设和经济发展，轻生态保护，没有建立统一的规划技术体系，陆海规划的比重严重失衡。陆海统筹是国土空间规划编制的重要原则之一。新时期的国土空间规划应当注重陆海统筹，在进一步优化提升陆域国土开发的基础上，以提升海洋在国家发展全局中的战略地位为前提，充分发挥海洋在资源环境保障、经济发展和国家安全维护中的作用，通过海陆资源开发、产业布局、交通通道建设、生态环境保护等领域的统筹协调，促进海陆两大系统的优势互补、良性互动和协调发展，增强国家对海洋的管控与利用能力，建设海洋强国，构建大陆文明与海洋文明相容并济的

可持续发展格局。❶

　　规划之间的隶属关系不清晰也是规划不成体系的一个重要表现。首先，不同类型规划之间的隶属关系不清，如国土空间规划与发展规划之间的关系尚未有完全定论。虽然 2018 年 11 月 18 日颁布的《统一规划体系意见》提出"建立国家规划体系"，其中将发展规划作为国家规划体系当中的统领性规划，但并没有就国土空间规划与发展规划之间的关系作出明确的认定。并且，我国的发展规划是每隔 5 年编制一次，而国土空间规划周期较长，《自然资源部关于全面开展国土空间规划工作的通知》明确指出，国土空间规划期限是 2019 年至 2035 年，❷其期限远超国家发展规划，因此在实践中遭遇了用短期规划指导长期规划的尴尬局面。在发展规划期限短而国土空间规划期限长的情况下，如何理清两者之间的隶属关系是一大难题。其次，不同层级规划之间的隶属关系不清。我国国土空间规划采取"五级三类"的结构。目前，五级三类结构下各层级规划的隶属关系较为明确。例如，江苏省国土空间总体规划要服从于全国领域的国土空间总体规划，苏州市国土空间总体规划要服从于江苏省国土空间总体规划。但不同层级的专项规划之间的关系、不同层级不同类型的规划之间的隶属关系并未理清。例如，国家层级的专项规划［如《长三角生态绿色一体化发展示范区国土空间总体规划》（以下简称《长三角生态规划》）］与省级总体规划之间的关系就值得探讨。作为跨省域国土空间规划，《长三角生态规划》覆盖上海市青浦区、苏州市吴江区、浙江省嘉善县三大地域，其与上海市、江苏省、浙江省总体规划之间的规划层级划分并不清晰。规划内容发生冲突时，究竟是应遵循国家层级的专项规划《长三角生态规划》，还是遵循省级总体规划的安排？此外，国土空间生态修复规划与城市更新专项规划之间的关系也有待进一步厘清。

---

　　❶　曹忠祥、高国力："我国陆海统筹发展的战略内涵、思路与对策"，载《中国软科学》2015 年第 2 期，第 1 页。
　　❷　参见《自然资源部关于全面开展国土空间规划工作的通知》。

从纵向上看，我国国土空间规划依托"国家、省、市、县、乡"的行政区划形成了五级规划体系，规划的层级链较长，上下层级在规划制定过程中的利益考量给国土空间规划体系化带来了挑战。各级规划均是对上一级规划的细化和落实，国土空间开发利用的指标也是从上到下逐级分配。理论上，这种传导和反馈机制较为完善，但在实践层面效用普遍偏弱，甚至陷于失灵状态。❶中央与地方存在不同的利益导向以及积累已久的央地财权事权矛盾，导致中央和地方在国土空间规划领域存在利益博弈，使得国土空间规划实践呈现中央一盘棋。而地方政府在主导区域规划过程中，基于利益考量和地方政府的优先理性，形成了不合理的地区竞争，地区之间开展竞赛，导致规划贪多求全，主要表现为对作为规划对象的资源的"争夺"，❷规划传导实施链条不通畅。由于不同层级的规划的衔接协调缺乏有效的制度保障，不同层级规划之间的内容仍时有冲突。实践中，出现了下级国土空间总体规划先于上级国土总体规划编制完成，下级规划领先于上级规划的现象。例如，2020年自然资源部为推进国土空间规划工作，发布了《自然资源部办公厅关于加强国土空间规划监督管理的通知》（本文以下简称《国土空间规划监督管理通知》），提出了"规划编制实行编制单位终身负责制"。而山东省在2019年就已经提出该项制度，虽然该项制度与2015年发布的《中共中央、国务院关于加快推进生态文明建设的意见》《生态文明体制改革总体方案》的要求相符合，但缺少直接的编制依据。《国土空间规划监督管理通知》采用的是"规划编制实行编制单位终身负责制"的说法，山东省发布的文件采用的是"实行国土空间规划领导决策终身问责"的说法，2020年安徽省发布的文件采用的是"规划编

---

❶ 刘合林等："国土空间规划中的刚性管控与柔性治理——基于领地空间与关系空间双重视角的再审视"，载《中国土地科学》2021年第11期，第10页。

❷ 孟鹏等："'多规冲突'根源与'多规融合'原则——基于'土地利用冲突与"多规融合"研讨会'的思考"，载《中国土地科学》2015年第8期，第3页；李如海："国土空间规划：现实困境与体系重构"，载《城市规划》2021年第2期，第58页。

制实行规划编制技术单位终身负责制"的说法（见表 2）。虽表面上看起来大同小异，但细究起来，三者的内涵、外延均不同。

表 2　中央及地方对"规划问责"的规定汇总

时间	政策文件	主要内容
2015 年 4 月	《中共中央、国务院关于加快推进生态文明建设的意见》	建立领导干部任期生态文明建设责任制，完善节能减排目标责任考核及问责制度，……实行终身追责，……
2015 年 9 月	《生态文明体制改革总体方案》	实行地方党委和政府领导成员生态文明建设一岗双责制。……对领导干部离任后出现重大生态环境损害并认定其需要承担责任的，实行终身追责。
2019 年 5 月	《中共中央，国务院关于建立国土空间规划体系并监督实施的若干意见》	上级自然资源主管部门要会同有关部门组织对下级国土空间规划中各类管控边界、约束性指标等管控要求的落实情况进行监督检查，将国土空间规划执行情况纳入自然资源执法督察内容。
2019 年 11 月	《山东省委省政府关于建立国土空间规划体系并监督实施的通知》	实行国土空间规划领导决策终身问责，对国土空间规划实施中违法决策、执行随意、监管不严造成严重后果的地方、单位和人员，依规依纪依法严肃问责。
2020 年 5 月	《自然资源部办公厅关于加强国土空间规划监督管理的通知》	建立健全国土空间规划"编""审"分离机制。规划编制实行编制单位终身负责制。
2020 年 12 月	《安徽省自然资源厅关于加强国土空间规划监督管理有关事项的通知》	规划编制实行规划编制技术单位终身负责制。

（截至 2020 年统计。资料来源：各级政府官方网站）

从上表中可以看出，仅就"规划问责"这一项制度，各个地方的规定不同，上下级规划的规定也不统一。"窥一斑而知全豹"，实现我国国土空间规划体系化任重而道远。

二、国土空间规划体系化的制度供给分析

我国的空间规划始于"一五"时期的大规模经济建设，20 世纪 50 年代进入规划高峰，20 世纪 60 年代至 70 年代陷入低潮，20 世纪 80 年代至 90 年代由于改革开放政策的实施，规划又重新达到高峰。❶自 1979 年以来，我国制定了多部与国土利用和资源开发相关的法律法规，如《森林法》《环境保护法》《土地管理法》等（见表 3），但是基本上均仅仅作原则性规定，缺乏明确、具体的法律规则。

表 3 环境资源单行法对"规划"的原则性规定

文件名称	最新修订时间	效力层级	原则性规定	空间规划专章
《海域使用管理法》	2001 年	法律	国家实行海洋功能区划制度。	有
《海岛保护法》	2009 年	法律	国家对海岛实行科学规划、保护优先、合理开发、永续利用的原则。……将其纳入国民经济和社会发展规划，……	有
《渔业法》	2013 年	法律	各级人民政府应当把渔业生产纳入国民经济发展计划，采取措施，加强水域的统一规划和综合利用。	无

---

❶ 何明俊："改革开放 40 年空间型规划法制的演进与展望"，载《规划师》2018 年第 10 期，第 13 页。

续表

文件名称	最新修订时间	效力层级	原则性规定	空间规划专章
《矿产资源法》	2009 年	法律	国家对矿产资源的勘查、开发实行统一规划、合理布局、综合勘查、合理开采和综合利用的方针。	无
《环境保护法》	2014 年	法律	根据国民经济和社会发展规划编制国家环境保护规划，……并与主体功能区规划、土地利用总体规划和城乡规划等相衔接。	无
《水法》	2016 年	法律	开发、利用、节约、保护水资源和防治水害，应当全面规划……	无
《海洋环境保护法》	2016 年	法律	国家在重点海洋生态功能区、生态环境敏感区和脆弱区等海域划定生态保护红线，实行严格保护。	无
《森林法》	2019 年	法律	应当落实国土空间开发保护要求，合理规划森林资源保护利用结构和布局……	无
《土地管理法》	2019 年	法律	国家编制土地利用总体规划，……规定土地用途，……严格按照土地利用总体规划确定的用途使用土地。	有
《草原法》	2021 年	法律	将草原的保护、建设和利用纳入国民经济和社会发展计划。	有

在现行法律体系中，对规划作出专门规定的仅有《城乡规划

法》，但该法只是对城市乡镇规划作出了规定，范围较狭窄，并未辐射整个国土空间；《土地管理法》只是对土地利用规划作出了原则性的规定，但没有采用专章作出详细说明。可见，我国国土空间规划体系化方面的法律制度供给明显不足。一方面，国土空间规划基本法缺失，虽然《国土空间规划法》已被列入 2020 年国家立法工作计划，《国土空间规划管理办法》作为部门规章也被列入了立法工作计划，但仍只是论证储备类项目，目前尚未有实质成果。此外，地方立法较少，究其原因：一是试点缺失"地方立法权"；二是由于缺乏上位法的引导，地方惧于做出立法尝试。❶另一方面，现有的《城乡规划法》《土地管理法》和《环境保护法》等并不能给国土空间规划体系化提供充足的法律依据。首先，现行的《城乡规划法》《土地管理法》和《环境保护法》均是具体领域的专门性法规，不能覆盖整个国土空间；其次，现行法律对国土空间规划的规定并未统一，存在重复冲突。《土地管理法》规定"已经编制国土空间规划的地区不再编制土地利用总体规划和城乡规划"，但尚未编制国土空间规划的地区是否仍需要编制土地利用总体规划和城乡规划则未明确。2019 年《自然资源部关于全面开展国土空间规划工作的通知》提出各地不再新编和报批主体功能区规划、土地利用总体规划、城镇体系规划、城市（镇）总体规划等，即城镇规划作为国土空间规划的专项规划已经不再单独报批，这是否意味着《城乡规划法》对于城乡规划编制的相关规定被束之高阁？简言之，实现国土空间规划体系化，加快国土空间规划立法步伐刻不容缓！

---

❶ 王操："'多规合一'视阈下我国空间规划的立法构想"，载《甘肃政法学院学报》2019 年第 6 期，第 132 页。

表 4　中央及地方关于国土空间规划的法规政策文件

层级观测点	最新修订/发布时间	法规政策	主要内容
中央层面	2019 年 8 月	《土地管理法》	国家建立国土空间规划体系。……经依法批准的国土空间规划是各类开发、保护、建设活动的基本依据。
	2021 年 7 月	《土地管理法实施条例》	从规划理念、规划内容、规划落实角度明确国土空间规划编制实施的要求。
	2019 年 5 月	《自然资源部关于全面开展国土空间规划工作的通知》	全面启动国土空间规划编制审批和实施管理工作。
	2020 年 5 月	《自然资源部办公厅关于加强国土空间规划监督管理的通知》	规划编制审批采"多规合一"体系，对规划许可管理模式进行"双制度"改革。
地方层面	2020 年 2 月	《海南省村庄规划管理条例》	对海南省行政区域内的村庄规划的制定实施作出规定，深化"多规合一"改革。
	2020 年 6 月	《郑州市国土空间规划管理条例（征求意见稿）》（尚未实施）	对郑州市行政区域内国土空间规划的相关活动作出规定。
	2020 年 12 月	《大连市国土空间规划条例》	适用于大连市行政区域内国土空间规划以及国土空间用途管制等相关活动。
	2021 年 6 月	《宁波市国土空间规划条例》	适用于宁波市行政区域内国土空间规划，以及国土空间用途管制与监督检查等活动。
	2022 年 3 月	《河南省村庄规划实施办法》（草案）（征求意见稿）	对河南省行政区域内开展村庄规划实施及各类开发、保护、建设活动作出了规定。

层级观测点	最新修订/发布时间	法规政策	主要内容
	2022 年 4 月	《南京市国土空间规划条例（草案）（征求意见稿）》	对南京市行政区域内国土空间规划，以及国土空间用途管制、等活动作出了规定。
	2020 年 8 月	《江西省国土空间专项规划编制目录清单管理办法（试行）》	强化国土空间总体规划的空间性指导约束作用，建立国土空间专项规划目录清单管理制度。
	2020 年 12 月	《安徽省自然资源厅关于加强国土空间规划监督管理有关事项的通知》	规划编制实行规划编制技术单位终身负责制。
	2021 年 1 月	《山东省空间类专项规划编制目录清单管理暂行办法》	建立空间类专项规划编制目录清单管理制度，规范空间类专项规划编制管理。
	2022 年 1 月	《湖南省自然资源厅省级国土空间专项规划编制审批通则》	就国土空间专项规划地位和作用等作出原则性和通用性的要求。

（资料来源：各级政府官方网站、北大法宝法规数据库）

2021 年 4 月 21 日，国务院第 132 次常务会议修订通过了《中华人民共和国土地管理法实施条例》（简称"新《土地管理条例》"），该条例自 2021 年 9 月 1 日起施行。新《土地管理条例》在《土地管理法》的基础上进一步细化落实了国土空间规划体系建设要求。虽然新《土地管理条例》对国土空间规划建设要求作出了进一步的细化落实，但是其并没有明确在什么情形下可以调整国土空间规划，也没有明确规划调整的具体规则，国土空间规划的刚性约束力不强，规划存在"朝令夕改""规划随着领导任期动"的风险。新《土地管理条例》没有对"双评价"方面的内容作出规定，目前仅有《资源环境承载能力和国土空间开发适宜性评价指南（试行）》提出了双评价结果支撑规划编制的要求，但未明确如何支撑，各地方在规划实践中陷入了双评价"无用论"和"万能论"的误区。而对于有关国土空间规划编制审批的管理规定，国家层面尚未出台专门的政策文件，仅有《自然资源部办公厅关于加强国土空间规划监督管理的通知》提到了对规划编制审批的管理，提出要实行"规划终身责任制"。

不仅规划编制的法律供给存在不足，部分空间规划在规范内容上还存在重叠冲突。❶另一方面，部分空间规划仍处于法律性质不明的状态。例如，《国土空间规划若干意见》明确要城镇开发边界以外的地区详细规划——编制实用性村庄规划。那么，什么是"实用性村庄规划"？是详细规划，还是详细规划的下级规划？对于这些疑问，《国土空间规划若干意见》均未予以明确。若是详细规划，为何又采用"实用性村庄规划"这一表达，使用这一专业术语，首先不符合采用国土空间规划统一用语的要求，其次易造成混乱，导致规划层级模糊；若是详细规划的下一级规划，则又实质突破了国土空间规划五级三类的体系。法律法规间的重叠冲突和基本规划的缺乏使得国土空间规划的具体编制工作时常处于"法律真空"之中，各类空间规划在"条"上自成体系，在"块"上相互冲突。❷

三、国土空间规划体系化的制度保障

（一）构建统一的分类指标体系

"多规"时期我国已形成较为全面的规划指标库，但在新时期，

---

❶ 王金岩、吴殿廷、常旭："我国空间规划体系的时代困境与模式重构"，载《城市问题》2008年第4期，第62页。

❷ 王金岩、吴殿廷、常旭："我国空间规划体系的时代困境与模式重构"，载《城市问题》2008年第4期，第62页。

仅对"多规"指标进行拼凑整合形成的规划指标体系无法满足国土空间治理要求，❶指标体系的横向协调不足表现为指标交叉重叠、数值矛盾，空间管控较少，❷纵向传导不足表现为央地政府规划理念不同，约束性指标再分配中的利益冲突，❸因此需要对指标体系进行系统谋划，加强指标顶层设计。有学者强调重构目标体系的必要性，为"多规"衔接提供"接口"；❹也有学者提出应当形成规划策略指标、主要指标和分解指标，以构建全国国土空间规划指标体系。❺构建统一的分类指标体系，首先要以市、县国土空间规划"一张蓝图"成果为基础，加强国土空间规划信息化建设，建立统一的、多部门协同共享的国土空间基础信息平台，解决统一的基础数据、技术标准等问题，发挥空间规划的战略引领和刚性管控作用。同时，各部门也能共享各类规划数据，同步进行合规性审查。采取统筹研究、集体决策、限时办理的方式，简化项目审批流程，缩短审批环节和时限，创建"一个平台、一门受理、一规初审、部门联动、限时办结"的建设项目审批机制，❻推动项目落地。在陆海统筹规划上，统一陆海技术标准、统一陆海分界线，建立统一规划技术准则和方法，❼为规划编制确立客观的定量依据，同时减少不同专项规划之间的冲突。例如，海洋专项规划与矿产资源规划针

---

❶ 岳隽、范朋灿："新时期国土空间治理的价值传导与目标演进——市县国土空间规划指标体系的响应"，载《热带地理》2021 年第 4 期，第 676 页。

❷ 尹向东、朱江："面向自然资源统一管理的空间规划指标体系构建"，载《上海城市管理》2018 年第 4 期，第 51 页。

❸ 刘灵辉、陈银蓉："土地利用总体规划修编指标利益冲突问题研究"，载《中国土地科学》2009 年第 5 期，第 37 页。

❹ 沈迟、许景权："'多规合一'的目标体系与接口设计研究——从'三标脱节'到'三标衔接'的创新探索"，载《规划师》2015 年第 2 期，第 12 页。

❺ 胡民锋、杨昔、徐放："构建全国国土空间规划纲要指标体系的思考"，载《中国土地》2019 年第 12 期，第 20 页。

❻ 刘彦随、王介勇："转型发展期'多规合一'理论认知与技术方法"，载《地理科学进展》2016 年第 5 期，第 529 页。

❼ 熊国平、沈天意："陆海统筹国土空间规划研究进展"，载《城乡规划》2021 年第 4 期，第 21~25 页。

对海域资源的不同规定，注重陆域规划与海域规划的协调；坚持生态优先，通过"双评价"摸清海陆资源底线，并以此作为底线管控的基础。

（二）健全国土空间规划体系化论证制度

新时期国土空间规划是对整体国土空间的全方位、整体性谋划，国土空间在地理空间上既包括陆域空间也包括海域空间。对自然资源的开发利用不仅仅是平面意义上的土地开发利用，而且还应当从国土空间的立体维度来推进自然资源的高效利用。国土空间规划的任务也不仅仅是空间分工、优化，而是重塑国土空间开发保护格局，推动自然资源节约、集约利用和自然资源资产保值、增值。❶因此，开展国土空间规划体系化论证，不能仅仅着眼于单一资源规划，在"多规合一"改革背景下，其体系化应当更多体现于地面、地上、地下的立体考量关系，应当统筹论证对国土空间范围内各类资源的整体性保护。健全规划体系化论证制度，关键是要论证国土空间规划是否覆盖整个国土空间。国土空间规划体系化是国土空间保护与开发总体战略与布局形态在空间上的反映。在国土空间规划语境下，陆海统筹即海陆两大空间地理单元上各类开发与保护活动的整体部署。新时期国土空间规划制度体系化建设要落实陆海统筹原则，从全局出发，将陆地国土与海洋国土作为整体来考虑，实施统一的国土空间开发规划，统一安排海陆资源配置，实施海陆生态环境统一治理，促进陆海一体发展。具体而言，国土空间规划要注重建设海洋文明，加快推动国家发展战略由"以陆为主"向"倚陆向海、陆海并重"转变，实现国家区域发展战略、海洋发展战略的有效衔接和陆海之间的战略平衡。❷在国土空间规划制度体

---

❶ 董祚继："从土地利用规划到国土空间规划——科学理性规划的视角"，载《中国土地科学》2020 年第 5 期，第 1 页。

❷ 王倩、李彬："关于'海陆统筹'的理论初探"，载《中国渔业经济》2011 年第 3 期，第 29 页。

系化论证中，要将海洋国土纳入国土资源开发规划体系，实现"一张图"管理；依托海岸线功能管制，编制海岸线保护与利用规划，坚持山水林田湖草沙一体化保护和修复理念，注重整体保护与系统修复，强化海洋生态监测监管，推进"水清滩净、鱼鸥翔集、人海和谐"的美丽海湾建设。❶

（三）完善规划编制制度

在国土空间规划体系构建上，建议构建以保护管控规划为基础、综合规划为引领的空间规划编制体系，确立"国土空间综合规划+保护管控规划+专项规划"的规划体系，❷通过不同层级、不同目标的规划的有机结合、统一，对国土空间实现从宏观到微观、从大方针到小指标的有效管控，实现对国土空间资源的统筹安排。在国土空间规划调整上，要严格约束规划修改程序，明确规划调整的必备条件、规划调整的操作流程、规划调整的审批机制等。同时，还要强调"开门编规划"，积极推动公众参与国土空间规划编制，更多地倾听公众意见，加深地方民众对该区域国土空间规划的认识和理解，有利于国土空间规划的实施和监督；引入规划专家论证机制，针对国土空间规划当中的重大分歧、主要问题、编制难点开展专家论证会，通过一线技术专家讨论决定规划内容，提高国土空间规划的科学性和技术性含量，确保规划每一项内容都有充分的理论依据和充足的数据支撑。

（四）加强国土空间规划体系化的立法保障

目前，我国国土空间规划领域理念片面、体系复杂、法律供给

---

❶ 生态环境部、发展改革委、自然资源部、交通运输部、农业农村部、中国海警局联合印发的《"十四五"海洋生态环境保护规划》。

❷ 祁帆、张晓玲、李志刚："空间规划体系建设思路研究"，载《中国土地》2016年第3期，第20页。

碎片化现象严重，急需国土空间规划基本法的回应。❶学界对国土空间规划领域立法的讨论时来已久，近年来愈加火热，但针对国土空间规划法的立法体例、立法框架及立法路径，学界仍未达成共识。有学者提出应当对《国土空间规划法》采取单独、管制性的立法模式；❷也有学者建议将《土地管理法》和《城乡规划法》结合，制定《国土空间管理法》。❸另有学者建议国土空间规划立法从规划体系、规划编制、规划审议、规划实施、规划监管等方面进行框架设计。❹为保障国土空间规划体系的法律供给充足，我国应当加快制定《国土空间规划法》的步伐，强化国土空间规划体系化的制度供给。在国土空间规划体系化的立法中，尤其要注重健全规划编制中的综合管理体制，整合目前各部门分头编制的空间规划体制，将空间规划的职能统一到自然资源主管部门，促成空间规划的"大部制"管理，建立起全新的规划体系和运营管理体制；空间规划管理体制改革的首要工作就是搭建统一的规划编制信息管理平台，合并整合国土空间规划编制权，建立跨部门的国土空间规划委员会，分全国、区域、县域三个层级，实行垂直管理，服务各级政府，内设规划协调、规划编制和咨询、规划立法、申述与变更、规划督察等职能机构。❺要注重从立法上强化规划之间的协调。在规划协调上，发展规划是经济发展型规划，空间规划则主要侧重于空间管控，两者目标不同、时间跨度不同，要实现两者的统一协调，笔者建议在立法中建立发展规划和空间规划的统筹整合与适时调整

---

❶ 黄锡生、王中政："我国《国土空间规划法》立法的功能定位与制度构建"，载《东北大学学报（社会科学版）》2021年第5期，第81页。

❷ 黄锡生、王中政："我国《国土空间规划法》立法的功能定位与制度构建"，载《东北大学学报（社会科学版）》2021年第5期，第81页。

❸ 张忠利："生态文明建设视野下空间规划法的立法路径研究"，载《河北法学》2018年第10期，第45页。

❹ 严金明、迪力沙提·亚库甫、张东昇："国土空间规划法的立法逻辑与立法框架"，载《资源科学》2019年第9期，第1600页。

❺ 张衍毓、陈美景："国土空间系统认知与规划改革构想"，载《中国土地科学》2016年第2期，第11页。

机制，将经济社会发展目标与国土空间开发保护利用的目标结合起来。通过有效的规划适时调整机制，国土空间规划可以根据经济社会发展的最新发展变化进行相应调整，经济社会发展规划也可以依据国土空间规划实施情况适时调整规划内容，实现经济发展型规划与空间管控型规划之间的良性互动，从而为实现国土空间规划体系化奠定坚实基础。

Systematization of Land Spatial Planning and its
Institutional Guarantee

Shi Zhi-yuan   Li Rui

Abstract：Promoting the systematization of land spatial planning is an important part in the construction of ecological civilization system. At present, there are still many problems in China's land spatial planning, such as the complexity of planning types, the lack of systematicness and integrity of planning content, the long chain of planning levels, and the uncoordinated connection of planning at all levels. Since there is no special law on land and space planning in China, the lack of institutional supply has become a constraint to the systematization of land and space planning. Therefore, efforts should be made to build a unified classification index system, improve the systematic demonstration system of land and space planning, perfect the planning preparation system, and strengthen the legislative guarantee of the systematization of land and space planning.

Key Words：the Spatial Planning of National Land, systematize, system guarantee

【中华法制文明】

唐前期"同居共财"法律关系探究

——基于均田制视角的展开

张熙照　袁超[*]

内容摘要：唐前期于社会层面一直提倡"同居共财"。在家庭中同居共财更多表现为同籍同财，以此为基础的家庭模也多有不同。在均田制实施之后，同居共财之家满足一定条件时可以买卖永业田、口分田和赐田，赐田的买卖限制更为宽松。土地的买卖需要经历一定的程序，买卖的责任承担者是家长，在发生纠纷时官府的处理方式有利于土地的拥有人。至于土地的析分，父祖在世时，土地的析分只能由担任家长的父祖主动提起。父祖逝世后，土地的析分则包含土地管理权的让渡和土地在诸子间进行横向分割两个过程。"同居共财"之家如此不同的生活方式背后是中国传统宗法小农社会的伦理法传统，也蕴含着"父子至亲，分形同气"的古代法理。

关键词：同居共财　家长　土地买卖　土地析分伦　理法

---

　* 作者简介：张熙照，辽宁大学法学院副教授，研究方向：法律史。袁超，辽宁大学法学院硕士研究生。研究方向：法律史。

引 言

"同居共财"是以家为基本组成单元的古代宗族社会的基本生活模式。在这种生活模式中，个人并不仅仅为个人，更是家的一分子，因此必须受到家的规制。同居之家的规模，少则两三世，多则八九世，古人尤为提倡累世同居。在同居之家中，个人的权利与义务并不对等，责任更为优先，而权利则要受到很大的制约。本文所限定的唐前期是指唐朝建立至安史之乱爆发之前。较汉代而言，这一时期对同居共财的各项规定逐渐明确，同居之家的内部管理也更趋于稳定，同居之家的数量也愈来愈多。当时整个社会仍是自给自足的小农社会，因此同居之家的主要经济来源是农业生产，而农业生产的基础是土地，无土地则无生产。唐前期实行的土地制度是均田制。透过均田制，研究同居之家涉及土地方面的买卖、分割与继承等相关法律关系，可以明晰"同居共财"法律关系背后所蕴含的伦理法传统，从而达到一叶知秋、见微知著的目的。

一、"同居共财"之家

(一)"同居共财"之概念辨析

"同居共财"是唐代较为普遍的一种生活样式。颜师古在注解《汉书》时提到同居共财即表现为同籍同财。❶家的基本构成是人和财产，同籍同财便是同居之家无外族，财产共同所有，不分彼此。然而，《唐律疏议》对同居的解释为："同居，谓同财共居，不限籍之同异，虽无服者，并是。"❷沈家本以《明律》采用了此条疏议，

---

❶ "同居，谓父母妻子之外若兄弟及兄弟之子等见与同居业者，若今言同籍及同财也。"参见（清）沈家本：《历代刑法考》，中华书局 1985 年版，第 1325 页。

❷ （唐）长孙无忌等：《唐律疏议》，刘俊文点校，中华书局 1983 年版，第 130 页。

认为此条疏议应是"同居"两字的正确解释。●滋贺秀三认为,同居共财是个显著的法律化的概念,事实上住在一起并不一定指同居。它涉及收入、消费以及保有资产等各方面的共同计算关系,即以每个人的勤劳所得和共同资产所得的收益为收入,支出每个人的生活万端的费用,从而维持共同会计的关系。❷颜师古对于同居的解释更偏向于私法上之概念,而同居相为隐条之疏议更强调定罪量刑之刑法上的概念。换言之,同居共财之家普遍呈现为同籍同财,而异籍同财之家相对较少。

从《唐律疏议》子孙不得别籍条和居父母丧生子条来看,❸同居共财之家的核心组成包括夫妇和儿子,规模宏大的同居之家由多对不同世代的夫妇和儿子共同组成。在这种语境下所说的家,指的是组成同居共财的生活的全体,其中由一组夫妇和儿子构成的基本单元一般用"房"来表示。等日后家产分割后,此房拥有了所分得财产的独立支配权,房便升级为家。对于在娘家生活的未婚女子而言,她就像是暂时被寄养在娘家,直到嫁与他人,成为另一家庭的成员。中田薰所认为的同居共财关系就是一种"始于亲子间、中间又没有经过财产分异、其绵延数世的子孙仍继续保持的关系"。❹

(二) 同居共财之家的类型以及家产的归属

同居共财之家因家庭成员组成的不同可被分为不同类型。滋贺

● (清) 沈家本:《历代刑法考》,中华书局 1985 年版,第 1327 页。

❷ [日] 滋贺秀三:《中国家族法原理》,张建国、李力译,商务印书馆 2013 年版,第 85 页。

❸ 子孙不得别籍条:"诸祖父母、父母在,而子孙别籍、异财者,徒三年。别籍、异财不相须,下条准此。"居父母丧生子条:"诸居父母丧,生子及兄弟别籍、异财者,徒一年。"参见 (唐) 长孙无忌等:《唐律疏议》,刘俊文点校,中华书局 1983 年版,第 236 页。

❹ [日] 滋贺秀三:《中国家族法原理》,张建国、李力译,商务印书馆 2013 年版,第 448 页。

秀三将其分为直系亲属和旁系亲属间的同居共财。❶直系亲属的同居共财是指对于家中所有成员而言有一个共同的直系亲属的家长存在，也被称为父家长型的家。而当这一家长死亡后，剩下来的家庭成员继续同居，此时便转化为了旁系亲属间的同居共财，包括兄弟、叔侄、堂兄弟等同居之家。这种复合型的同居形态，按照"同财共居，不限籍之同异"的疏议而言，所包含的范围应该更广，允许某些家庭成员之间无服。

针对同居共财之家的家庭财产归属于谁，学界历来争议不断。概言之，对于家产的归属有三种观点：第一种观点主张家产属于家庭所有同居成员共有，持这一观点的主要有大山彦一、中田薰等。中田薰认为古代中国的同居共财之家实行的是家族共产制，家长是这一共产的管理人。❷国内多数学者也认为同居共财之家的家产属于共有财产。❸第二种观点是家父对家产享有所有权，子孙等家庭成员对家产享有承继期待权。❹持这一观点的主要是滋贺秀三，他虽承认家长对于家产的支配权会受到限制，但囿于他所依据的惯行调查等材料，他仍认为家父是家产的所有者。第三种观点认为家产的所有权归属于整体意义上的家。有学者甚至提出中国古代的家庭就像是现代社会的"法人团体"，❺家庭的所有财产均归该"法人团体"所有。俞江认为所有权的性质是概括的、完整的支配权，能够排斥他人的干涉。而在同居共财之家中家长的支配权会受到制约，

---

❶ ［日］滋贺秀三：《中国家族法原理》，张建国、李力译，法律出版社2003年版，第149页。

❷ ［日］滋贺秀三：《中国家族法原理》，张建国、李力译，法律出版社2003年版，第44页。

❸ 如"国家以家庭为统治对象，实行的是家庭共有财产制，不存在夫妻财产和个人财产问题"。参见史凤仪：《中国古代婚姻与家庭》，湖北人民出版社1987年版，第261页。

❹ ［日］滋贺秀三：《中国家族法原理》，张建国、李力译，商务印书馆2013年版，第229页。

❺ ［日］滋贺秀三：《中国家族法原理》，张建国、李力译，商务印书馆2013年版，第229页。

在时间层面上也不具有永久性，不能被称为所有权。而现代民法上所谓的共有，无论从共有关系的主体还是共有关系的内容来说，都不能与同居共财之家所谓的"共财"画等号。❶本文采取的观点是家产由整体性的家所有。在同居共财之家中，家长虽然独立于其他家庭成员，但从属于家，他对于家产的管理权是整体性的家所赋予的，而他对于家及家产的管理又是为了家的延续与传承。

（三）唐前期"同居共财"之家的规模

唐代政府鼓励同居共财，反对别居异财，以实现对民众的道德教化，促进社会稳定。关于唐代同居家庭的规模，吕思勉认为，百口之家累世同居，大部分人都认为这是佳话，但其实是不察名实之过。累世同居是一种特殊的历史现象，虽一直存在于传统社会之中，但在历史中并不占主流。❷当时聚族累世而居的家族主要是世家大族和官僚士大夫之家，普通的百姓家中不过五口到八口人。❸可见，唐代的同居之家具有社会等级差别性。世家大族同居之家，譬如隋唐名臣李纲。其五世同居，整个家庭共数百口人，世所荣之。官僚士大夫之家也竞相以孝悌闻名。明经科进士及第的杜暹五世同居，史学家朱敬则与三个从兄弟同居四十余年，被朝廷旌表。刘审礼与同族之再从兄弟同居，整个家庭共二百余口人。与此同时，平民百姓同居共财之风也逐渐兴盛。张公艺九世同居，被称为中国治家之典范，他本人也成了世所罕见的老寿星。在这样的上百人的同居大家庭中，没有家规的约束，家庭的日常生活便无法有序进行。裴宽兄弟八人，八座府院相对而建，闻击鼓之声而食。"故如李畬，闺门雍睦，累代同居，而史称其岁时拜庆，长幼男女，咸有礼

---

❶ 俞江："论分家习惯与家的整体性——对滋贺秀三《中国家族法原理》的批评"，载《政法论坛》2006年第1期，第34页。

❷ 苏金花："累世同居家庭模式探析"，载《中国经济史研究》2006年第4期，第128页。

❸ 吕思勉：《隋唐五代史》（下册），北京理工大学出版社2016年版，第740页。

节。"●除却严格的家规约束，宽容、忍让也是必需的，张公艺为维护九世同居的家庭秩序，曾写下数百个忍字以表达其中的艰难和不易。相比之下，五口到八口的小型同居共财之家约束较少，平民之家大多都是此种形态。

二、同居之家围绕土地产生的法律关系

唐前期所实行的土地制度是均田制，即政府将土地授予百姓耕种，百姓中仅有一部分人有受田资格，而授予的土地也分为多种类型。最为基本的土地类型是口分田和永业田：口分田属于国有性质，百姓身死需退还政府；而永业田则属于私有性质，可以由子孙承继。唐《开元二十五年令·田令》描述，均田制将授予土地的对象分为三类：最基本的是百姓中的丁男一类，此类还包含中男、老男、笃疾废疾者以及寡妻妾；其次是官吏；最后是道士及僧侣一类。所授土地不仅包含口分田、永业田，还有用于居住的园宅地，所授土地的数量因对象的不同而不等。●官户除所受的口分田、永业田外，官吏本人还会受职分田。不同品级的官吏所受的职分田的数量有很大差异。●官吏所得到的永业田的数量亦与普通百姓有所

● 吕思勉：《隋唐五代史》（下册），北京理工大学出版社2016年版，第742页。

● "丁男给永业田二十亩，口分田八十亩，其中男年十八以上，亦依丁男给。老男、笃疾、废疾各给口分田四十亩，寡妻妾各给口分田三十亩，先永业者，通充口分之数。黄、小、中、丁男子及老男、笃疾、废疾、寡妻妾当户者，各给永业田二十亩，口分田二十亩。""应给园宅地者，良三口以下给一亩，每三口加一亩，贱五口给一亩，每五口加一亩，并不入永业、口分之限。其京城及州郡县郭下园宅，不在此例。"参见（唐）杜佑：《通典》，中华书局1984年版，第15~16页。"凡道士给田三十亩，女官二十亩，僧尼亦如之。"《唐六典》卷三"户部郎中员外郎"条，转引自〔日〕仁井田陞：《唐令拾遗》，栗劲等编译，长春出版社1989年版，第558页。

● "诸京官文武职事，职分田，一品一十二顷，二品十顷，三品九顷，四品七顷，五品六顷，六品四顷，七品三顷五十亩，八品二顷五十亩，九品二顷。并去京城百里内给，其京兆河南府及京县官人职分田，亦准此。"参见（唐）杜佑：《通典》，中华书局1984年版，第16页。

不同，而且不同官吏之间永业田的数量也不等。❶除均田之授田外，还有皇帝之赐田、各级政府之公廨田、驿站之驿田和屯田等。由此可见，均田制固然暗含着消除贫富差距的理想，但唐代社会毕竟是一个体现官僚贵族特权的等级社会，因此均田制也具有等级差别性。

均田制欲使天下百姓均贫富，但囿于土地的肥沃程度、距离灌溉水源的远近、生活地区人口数与土地数等因素，总难达到绝对的公平。唐政府的解决措施是将州县所在范围内受田足够之地划为宽乡，受田不足之地划为狭乡。狭乡之授田为宽乡之一半，从事工商业者在宽乡受田减半，在狭乡则不能受田。此地授田完毕后，多余之地授予他乡之人。通过这一做法使授田的数量变得相对合理。以土地为中心，同居之家可产生买卖法律关系和土地析分法律关系。

（一）土地买卖法律关系

1. 唐代政府允许在满足一定条件时买卖土地

唐代政府将土地授予官吏和百姓，这是国家运用政治手段干预土地配置的过程。在这一过程中，大量土地仍为国有性质，仅有少量土地属于私有性质。原则上而言，均田制的存在会导致私人之间的土地买卖不被允许，因为私人间的买卖会加剧土地兼并，从而导致均田制趋于崩溃。然而，唐代政府却允许一定程度上的土地买卖。这种土地买卖主要是使国家直接配置土地的方式更为灵活，弥补均田制的不足，并非允许以土地买卖盈利。同时，政府规定了一

---

❶ "其永业田，亲王百顷，职事官正一品六十顷，郡王及职事官从一品各五十顷，国公若职事官正二品各四十顷，郡公若职事官从二品各三十五顷，县公若职事官正三品各二十五顷，职事官从三品二十顷，侯若职事官正四品各十四顷，伯若职事官从四品各十顷，子若职事官正五品各八顷，男若职事官从五品各五顷。上柱国三十顷，柱国二十五顷，上护军二十顷，护军十五顷，上轻车都尉十顷，轻车都尉七顷，上骑都尉六顷，骑都尉四顷，骁骑尉、飞骑尉各八十亩，云骑尉、武骑尉各六十亩。"参见（唐）杜佑：《通典》，中华书局1984年版，第15页。

系列限制条件以禁止超过限度的土地买卖，从而维持均田制的正常运行。唐代于武德年间便以法律规定："诸庶人徙乡及贫无以葬者，得卖世业田。自狭乡而徙宽乡者，得并卖口分田。"❶《唐律疏议》规定："诸卖口分田者，一亩笞十，二十亩加一等，罪止杖一百；地还本主，财没不追。即应合卖者，不用此律。""即应合卖者"，包含三种情况：其一是因家贫需卖掉永业田来埋葬家人；其二是卖口分田以充家宅、碾硙或邸店；其三是愿意从狭乡迁到宽乡。❷可见，永业田和口分田在满足一定的条件时都可被出卖，而赐田以及部分官僚的永业田无需满足任何条件即可出卖，这也是唐代维护封建官僚贵族等级特权的一种方式。

2. 土地买卖法律关系的主体——家长

在同居共财之家中，包括土地在内的所有财产均归整体上的家，家庭所有成员的劳动所得都必须放入家庭，以维持家庭生计，不允许任何成员私自保留所得。这些家庭财产的支配权属于家长，而家长一般由家中的男性尊长担任。"凡是同居之内，必有尊长。尊长既在，子孙无所自专。"❸唐律规定了尊长对于财产的支配权属于法定权利，任何卑幼不得侵犯。因此，土地的出卖必须经由家长之手，家长对于该土地的处分有绝对的知情权和决定权。另外，在不同类型的同居之家中，家长的决定权大小有所差别。在父家长型的同居之家中，家长对于土地的处分有绝对的决定权，其处分土地的行为无需经过子孙的同意。即使是在家长已然年老，家中事务已由儿孙代为处理时，土地买卖中必要的署名也是家长之名，子孙们未得家长之允许，不能任意处分土地。而在复合型的同居之家中，

---

❶ ［日］仁井田陞：《唐令拾遗》，栗劲等编译，长春出版社 1989 年版，第 560 页。

❷ "即应合卖者，谓永业田家贫卖供葬，及口分田卖充宅及碾硙、邸店之类，狭乡乐迁就宽者，准令并许卖之。其赐田欲卖者，亦不在禁限。其五品以上若勋官，永业地亦并听卖"。参见（唐）长孙无忌等：《唐律疏议》，刘俊文点校，中华书局 1983 年版，第 242 页。

❸ （唐）长孙无忌等：《唐律疏议》，刘俊文点校，中华书局 1983 年版，第 241 页。

虽然在处分土地时仍须经家长之手，但家长对于土地处分的决定权并不是绝对的。复合型的同居之家中担任家长者一般是兄长或叔伯。兄长或叔伯在处分土地时不能依凭自己的意志单独处分，而是要经过全体成员的合意，只是最终的署名是家长之名。❶无论是在父家长型还是复合型的同居之家，卑幼都不能凭借自己的意志单独处分土地，甚至卑幼暗中单独卖掉土地后，等到分割财产时还需追还。对于收买土地者而言，因家庭中财物的处分权属于家长，亦仅能经由家长之手收买。除此之外，"诸买地者，不得过本制，虽居狭乡，亦听依宽制。其卖者不得更请"。❷此处之"本制"即指均田制，均田制规定成年男子受田一顷，笃疾废疾者受田四十亩，寡妻妾受田三十亩，官吏也有不同程度的规定。在收买土地时，家长需保证交易后拥有的总土地数不超过均田制规定的最高授田限额。而卖地之人在完成交易后不得再次请求官府授田。

3. 土地的买卖还需满足一定的程序

买卖土地，除买卖双方需对特定土地的买卖达成合意之外，还须满足一定的程序要件才算交易真正完成。买卖双方须向官府提出买田、卖田的书面申请，官府会颁发一份允许买卖土地的文牒，作为土地买卖的依据，在年末双方还需在籍册上完成登记。❸无论是书面申请还是最后官府籍册上的登记，其上署名之权利都归属于家长，其他成员无权署名。唐前期地籍管理的基本方法就是申牒造籍，这也是官府审查买卖土地的权利主体及标的物是否合法的必要步骤，以阻断违法买卖，减少均田之户的逃亡流失，限制土地兼并。虽然买方和卖方均须提出书面申请，但两份申请所代表的意义

❶ ［日］滋贺秀三：《中国家族法原理》，张建国、李力译，商务印书馆 2013 年版，第 267~269 页。

❷ ［日］仁井田陞：《唐令拾遗》，栗劲等编译，长春出版社 1989 年版，第 561 页。

❸ "诸卖买田，皆须经所部官司申牒，年终彼此除附。若无文牒辄买卖，财没不追，地还本主。"参见 ［日］仁井田陞：《唐令拾遗》，栗劲等编译，长春出版社 1989 年版，第 561 页。

有所差别。卖方如有卖田之意便可向官府申请，相当于单方备案，当确定了买方之后，买卖双方先合意，再由买方向官府提出买田之申请，此申请文书须包含买卖双方和交易土地的具体信息。❶由此而言，买方的申请义务对于交易行为的完成具有终局性作用。

4. 纠纷的解决有利于"地主"

在买卖土地的过程中，很容易出现家中卑幼不经家长之手擅自出卖土地的现象。此时，家长拥有追认权，若家长同意，并向官府申牒，交易行为便自始成立。倘若家长否认卑幼的擅卖行为，则交易行为自始无效。"若不相本问，违而与及买者，物即还主，财没不追。"❷

对于买地之人，所买之土地须归原主，而财没不追。对于擅自出卖土地的卑幼，即使是骨肉至亲，也可能依盗论处。另外，也会出现买卖双方未向官府履行申牒之义务而直接达成交易的情况。没有申牒，交易行为便不成立，此时买地之人也须承担土地归还原主、财没不追的法律后果。《唐律疏议》还规定了买卖的土地不合法时的后果，即卖口分田者须承担刑事处罚，而买方则须"地还本主，财没不追"。❸对此，一种解释认为是买地支付的价款没收入官，不再归还给买方，❹而另一种解释则认为买方丧失了追索钱款的权利，钱款保留在卖方处或一并归还给土地原主。滋贺秀三也认为在处置盗卖土地行为时，钱款不能返还买主，也不宜留于盗卖者之手，应与土地一起返还真正权利者。❺甚至还有解释认为没收和返还的对象仅限于土地。此处应分而言之，卑幼擅卖土地者，"财没不追"指财产没收入官，不归还买主，而无申牒即买卖土地、卖

---

❶ 赵晶："唐代律令用语的规范内涵——以'财没不追，地还本主'为考察对象"，载《政法论坛》2011 年第 6 期，第 46 页。

❷ 〔日〕仁井田陞：《唐令拾遗》，栗劲等编译，长春出版社 1989 年版，第 789 页。

❸ （唐）长孙无忌等：《唐律疏议》，刘俊文点校，中华书局 1983 年版，第 242 页。

❹ 武建国：《均田制研究》，云南人民出版社 1992 年版，第 186 页。

❺ 〔日〕滋贺秀三：《中国家族法原理》，张建国、李力译，法律出版社 2003 年版，第 125 页。

口分田等情形则不适用财没入官之论，应依据"财没不追，苗子及买地之财并入地主"来处罚买主。❶这种有利于"地主"的立法，主要是为了限制土地兼并的盛行，使社会财富趋于均平。

至于土地的典当、租赁和抵押，一般而言为政府所禁止。只有在去外地服役或做官导致无人守业的情况下才得以典当、租赁和抵押。但是，因为社会等级的差别，官员的永业田和赐田可以正常地典当、租赁。❷于同居之家而言，这属特殊情形，且纠纷的解决方式同土地买卖相似，此处不再赘述。

(二) 土地析分法律关系

家庭成员同居共财，其乐融融，然无论经过多久，必会面临分家之日。唐代统治者基于儒家孝悌伦理观念，鼓励和支持同居共财，以至于累世同居，而反对别籍异财，尤为禁止父母在世时之别籍异财。父母在世时，子孙不得主动分家，另立簿册，不得主动分异财产，否则要被处以重罚。然而，父母主动令子孙别籍，只处罚父母，不惩罚子孙，但如果只令子孙异财，而不别籍，父母与子孙都无罪。❸这一方面可以看出在同居共财之家中，子孙没有独立的法律地位，其人格会被家父吸收，从而形成父子一体的局面。另一方面，唐代政府对于分家异产的行为并未予以绝对禁止，父母在世时，允许父母主动对家产进行析分，只是所有家庭成员仍为一户而已。夫妻之间具有一体性，因此这种析分家产的权力主要集中在父亲手中。这种睁一只眼闭一只眼，姑息纵容的法令，从反面也可以

---

❶ 赵晶："唐代律令用语的规范内涵——以'财没不追，地还本主'为考察对象"，载《政法论坛》2011年第6期，第45页。

❷ "诸田不得贴赁及质，违者财没不追，地还本主。若从远役、外任，无人守业者，听贴赁及质。其官人永业田及赐田，欲卖及贴赁者，皆不在禁限。"参见〔日〕仁井田陞：《唐令拾遗》，栗劲等编译，长春出版社1989年版，第564页。

❸ "若祖父母、父母处分，令子孙别籍及以子孙妄继人后者，得徒二年，子孙不坐。但云'别籍'，不云'令其异财'，令异财者，明其无罪。"参见（唐）长孙无忌等：《唐律疏议》，刘俊文点校，中华书局1983年版，第236页。

映射出当时民间分家析产行为盛行，唐代政府在尽力维持同居共财的生活模式时颇显无奈。

同居之家中，共同直系之尊亲家长尚在，无论家中子孙或夭折，或去世，于整体性的家而言，都只像是参天大树掉落一片枝叶，不会有任何影响，其后代亦不能分割家产。这也是张公艺能维持九世同居而被朝廷旌表之因。若这一共同直系之尊亲家长去世，便犹如参天巨树之树干已腐，同居之家难以维持，此时便可能分家析产。在这样的同居之家，兄弟若欲继续同居，仍可继续同居共财。然多数之家一般都会选择分家，此时原同居之家中的"房"便升级为"家"，继续在新形成的家中同居共财。

1. 父祖在世时对于土地的析分拥有主动权

父祖在世时可以主动提出与子孙析分土地，这不仅可以防止家长去世后子孙因为财产纠纷相争羞辱门楣，还能让子孙意识到家产来之不易，增强对家庭的责任感。唐代名相姚崇对其所拥有的土地及家产在生前即进行分割，并举先贤陆贾、石苞生前进行财产分割而断绝后代因财产相争之例告诫子孙，以使子孙自力更生，避免兄弟因共财而产生争执。❶

户绝之家或家中仅有一个儿子时，父祖生前一般不进行土地析分。父祖之下有两个或两个以上的继承者时才可能进行土地析分。费孝通指出，在家中仅有一子的情况下，只有发生严重冲突时，儿子才会与父亲分家。❷这种时候的分家仅仅意味着经济独立，这仅仅是一种暂时性的分配，全部财产最终都会传给儿子。此时，父子之间并没有非常明确的财产让渡行为。❸中国传统家产的让渡一脉相承，推及唐代，家中仅有一个继承者的情况下一般不会析分

---

❶ 艾永明、郭寅枫："《唐律》别籍异财之禁探析"，载《法学研究》2010年第5期，第168页。

❷ 费孝通：《江村经济》，上海人民出版社2007年版，第61页。

❸ 高永平："中国传统财产继承背后的文化逻辑——家系主义"，载《社会学研究》2006年第3期，第171页。

田宅。

而当家中有两个或两个以上的继承者时，父系家长在世时若要析分土地，一般由其主动提出。这一过程的主要参与人包括三类：首先是父系家长，他们是分产人，也是这一过程的主持人。其次是儿子，是接受土地之人。最后一类人是中间人，包括代书人和见证人。中间人的作用是平衡父母与各个继承者之间的利益诉求，见证这一过程的完成，并在有纠纷产生时调解纠纷、消弭矛盾。土地析分一般与其他家产的析分一并进行，分产人与受产人要签订书面的分单。分单便是财产析分的协议，在分单之上需要明确所分土地的位置、数量以及类型以及各房分得的具体亩数等要素，分产人、受产人以及中间人都需在分单上签字画押，以确保分单的有效性。

唐代同居之家中的父系家长能够析分的土地主要是永业田以及官吏的赐田等，口分田、职分田属于国有性质的土地，不能进行分割。❶在分单之上，父系家长可保留其夫妻二人养老所需的田地，将剩余的永业田及赐田进行析分。析分要遵守均分原则，不能据自己个人喜好而分。尚未成年的幼子一般跟随父母继续生活，其所分田地由父母持有。而家中尚未婚配的女子于娘家而言只是一种暂时的寄养状态，因此其对于土地的析分不享有任何的权利，仅能在出嫁时取得少额田地作为嫁妆。另外，父系家长虽然能主动提出析分土地，但是因土地属于整体性的家所有，其便不能随意将土地赠与他人，包括最亲近的女儿，这是对父系家长家产管理权的一种限制。

由此而言，有唐一代，同居共财之家的根本标准在于共财，当土地析分之后，父系家长对于分割出去的土地不再有管理权，此时虽然有着同居一户的外表，实质上还是异居。

2. 父祖逝世后土地的析分被严格规定

父祖去世之后，父家长式的同居之家便转为旁系亲属间的同居

---

❶　"诸永业田皆传子孙，不在收授之限。即子孙犯除名者，所承之地亦不追。"参见[日] 仁井田陞：《唐令拾遗》，栗劲等编译，长春出版社1989年版，第550页。

共财，此时要维持同居之局面颇为不易，多数同居之家都会选择别籍异居，分家析产，但是家庭成员别籍异居的时间应在服丧期满之后。❶从父祖去世到家庭成员在服丧期满后别籍异居，土地的析分包含两个过程。首先是土地管理权的让渡。家产归属于整体性的家，因此父祖家长去世后家产的性质并未发生改变，只是家产的管理权由父祖家长转移到诸子身上。在服丧期间，对于家产的管理权由诸子共同享有，某些家庭可能会由长子暂为代管家产。等服丧期满后，便会发生第二个过程，即土地在诸子间进行横向分割。具体的分割时间是在父祖死亡后，各房分居达 3 年以上，若有逃亡的情况存在，则经 6 年以上。❷此时家产分割的主体主要为诸子，这一分割的过程同样需要中间人的参与，签署分单的程序必不可少。而于诸子而言，分割的原则仍然是诸子均分。家庭所拥有的全部永业田及赐田，无论田之多少，一律由诸子均分，包括母亲从娘家所得之土地，即使母亲亡没，其娘家也不得追回。但是诸子之妻从娘家所得之土地，则不在均分的范围之内。这一部分土地会并入其之后成立的同居之家中。诸子中有先去世者，由其子代其承继应分得之份额，类似于现今之代位继承。如若诸子都已去世，则由下一代诸孙均分，此时并非由各子承父的份额析分。❸《宋刑统》继承唐律，亦作出如此规定。这样规定的原因在于家产属于整体性的家，诸子既已去世，对家产进行分割的实质上是第三代的诸孙，在分割前，家产的管理权由诸孙共同享有。同代之间家产的分割须满足均分原

---

❶ "诸居父母丧，生子及兄弟别籍、异财者，徒一年。" 参见（唐）长孙无忌等：《唐律疏议》，刘俊文点校，中华书局 1983 年版，第 236 页。

❷ "其父祖亡后，各自异居，又不同爨，经三载以上；逃亡，经六载以上。" 参见［日］仁井田陞：《唐令拾遗》，栗劲等编译，长春出版社 1989 年版，第 155 页。

❸ "诸应分田宅及财物者，兄弟均分…妻家所得之财，不在分限（妻虽亡没，所有资产及奴婢，妻家并不得追理）；兄弟亡者，子承父分（继绝亦同）；兄弟俱亡，则诸子均分（其父祖永业田及赐田亦均分，口分田即准丁中老小法。若田少者，亦依此法为分），其未娶妻者，别与聘财。" 参见［日］仁井田陞：《唐令拾遗》，栗劲等编译，长春出版社 1989 年版，第 155 页。

则。由此而言，唐代的均分原则更为强调实质层面的均分。而口分田的分割则按照"丁中老小法"。❶若是未娶妻之子，还可以得到一份聘财。

对于女子而言，唐代的女子可以继承一小部分土地，该部分土地的类型为永业田。尚未进行婚嫁的女子虽是寄居于娘家的状态，也仍可获得一份嫁妆，此嫁妆的表现形式亦可为土地。而寡妻无子时，若其在夫家守志，依夫妻一体之原则，可以承继夫之应分之土地。如若夫之兄弟皆亡，便进入诸孙之间的析分，寡妻在土地析分中的地位等同于诸孙的一员。但改嫁的寡妻将丧失所有分配之权利。❷

户绝之家，"无后者，为户绝"，❸即一家之中无子孙后代。在此情况下，"无子者，听养同宗于昭穆相当者"。❹父母可以在同宗内找寻与亲子昭穆相当之人作为养子，不能违法收养异姓之男。该养子于养父母而言等同于亲子，须在养父母家承祧并承继此家之土地，与其本生父母只等同于旁系亲属关系。若该户绝之家父母双亡，且无亲子和养子，便须按真正的户绝之家来处理，此时女子及近亲可以获得一定数量的家产。家中的家产在转易货卖之后所得财产，首先用于父母之丧葬费用及行功德之事，剩余部分给予在室女。若无女，则由近亲获得，近亲为本服之亲，包括出嫁女。若无亲戚，则剩余之财产入官。❺至于土地能否由在室女继承，并未明

---

❶ "诸男女始生为黄，四岁为小，十六为中，二十一为丁，六十为老。"参见［日］仁井田陞：《唐令拾遗》，栗劲等编译，长春出版社1989年版，第133页。

❷ "姑姊妹在室者，减男聘财之半，寡妻无男者，承夫分。若夫兄弟皆亡，同一子之分（有男者，不别得分，谓在夫家守志者。若改适，其见在部曲奴婢田宅，不得费用，皆应分人均分）。"参见［日］仁井田陞：《唐令拾遗》，栗劲等编译，长春出版社1989年版，第156页。

❸ （唐）长孙无忌等：《唐律疏议》，刘俊文点校，中华书局1983年版，第238页。

❹ （唐）长孙无忌等：《唐律疏议》，刘俊文点校，中华书局1983年版，第237页。

❺ "诸身丧户绝者，所有部曲、客女、奴婢、店宅、资财，并令近亲（亲依本服，不以出降）转易货卖，将营葬事及量营功德之外，余财并与女（户虽同，资财先别者，亦准此）；无女，均入以次近亲；无亲戚者，官为检校。"参见［日］仁井田陞：《唐令拾遗》，栗劲等编译，长春出版社1989年版，第770页。

确规定。在敦煌地区，为使家内的财产不外流，户绝之家的女子可以继承家产支撑门户。《唐天宝六载敦煌郡敦煌县龙勒乡都乡里籍》记载说，在室女令狐仙尚曾代父承户。❶在室女承继门户后，可以其家产在本家成婚来支撑起门户，而且婚礼的形式较男方家成婚更为复杂。在敦煌，男子到女子家成婚屡见不鲜。由此而言，在室女正因承继门户后拥有着土地等生产资料，能通过耕织劳作独立地生活，如此在家中便拥有较为独立的经济地位，在本家成婚也理所当然。因此，户绝之家的在室女对于土地拥有继承权。

"若亡人存日，自有遗嘱处分，证验分明者，不用此令。"❷从此规定可以看出，唐代政府承认在户绝之家遗嘱的有效性。如果父母双方生前已留有遗嘱，且能够证明遗嘱确实存在，则遗嘱继承优先于法定继承而发生。此时包括土地在内的家产无需转易货卖，可直接由遗嘱所确定的对象获得。然而，父母也很难通过遗嘱将家产遗赠给任意之人。这种将家产遗赠给家外之人的行为并不符合作为整体性的家的利益，也不符合"家产"之中所蕴含的强制性的规则意义。❸这种以遗嘱处分家产的情形，在同居之家中发生得较少，不用遗嘱处分是较为普遍的情形。

三、"同居共财"法律关系背后蕴含的伦理法传统

(一)"同居共财"有利于社会整体利益的最大化

魏晋南北朝以来，中原长期战乱，百姓流离失所，民生凋敝，路有饿殍。天下土地不治，遂成荒地。隋朝虽短暂统一，但其末年

---

❶ 唐耕耦、陆宏基编：《敦煌社会经济文献真迹释录》（第1辑），书目文献出版社1986年版，第16页。

❷ ［日］仁井田陞：《唐令拾遗》，栗劲等编译，长春出版社1989年版，第770页。

❸ 参见俞江："论分家习惯与家的整体性——对滋贺秀三《中国家族法原理》的批评"，载《政法论坛》2006年第1期，第44页。

的战乱又再一次让百姓处于水深火热之中。唐朝统一全国后，天下人口急剧减少、荒地众多。为尽快恢复国力、充盈国库，唐代统治者实行均田制，将每一个人都调动起来，编户齐民，让每一个人都能通过双手实实在在地为朝廷（也为自己）创造财富。中国传统社会强调以农为本，因此开垦、耕种土地是创造财富、实现安居乐业的基本途径。均田制将土地一分为二，既能帮国家创造财富，也能调动土地耕种者的积极性。

北魏孝文帝是中原文化的忠实倾慕者，他曾指出农业是富民之本。❶然而，在传统社会个体小农经营之下，一个人的力量毕竟有限，生产因个人身体素质的不同使得土地的开发也参差不齐。生产力低下使得个人对于自然的征服能力大大降低，因此使小的家庭联合起来组成同居之家，将个体的劳动力组合在一起，更有利于土地的有效耕种，从而实现以土地为基础的传统小农社会的整体利益最大化。丰富的生产经验和丰足的劳力是小农经济的主要依赖，这便使得拥有丰富经验的长辈和旺盛体力的男子在家中拥有了更为优越的地位，逐渐形成并发展为了儒家的"三纲五常"。如此便会进一步强化家族中的宗法关系，而强化之后的宗法关系又再次作用于传统社会的小农生产经营，使得宗法小农经济更为稳固。两种因素的互相作用势必会使得传统中国法律的伦理化程度不断加深。

（二）同居之家聚散循环的背后是家系传承

唐代统治者提倡"德礼为政教之本"，❷儒家思想所提倡的伦理观念深入人心。儒家认为，血缘性是传统伦理得以形成和发展的基础，个体血缘家庭是传统社会伦理的载体。而中国传统社会中所谓

---

❶ "今遣使者，循行州郡，与牧守均给天下之田，还以生死为断，劝课农桑，兴富民之本。"参见（北齐）魏收：《魏书》，中华书局1974年版，第156页。

❷ （唐）长孙无忌等：《唐律疏议》，刘俊文点校，中华书局1983年版，第3页。

的人，是被血缘伦理关系和道德义务关系所包围的人。❶婚姻并不是男女双方个人之事，而是以男女双方为基础的两个家族的联合。婚姻的最本质目的是"将合两姓之好，上以事宗庙，而下以继后世"，❷儒家将对于生命永恒的追求融入其所提倡的礼，通过婚姻来实现这一追求。家族世系的传承对于家庭来说是重中之重，男女双方个人的利益都融入家庭利益之中，为家庭利益服务。这便促使多数家庭的子孙在结婚后均选择与其他家庭成员同居，过同居共财的大家庭生活。即使父祖生前已然分家析产，但分家后的家庭依然与父祖所在的家庭保持着血缘上的联系。从血缘关系上来说，中国的传统家庭是不可分的，传统法律也以集团为本位，凝聚在一起是其存在的常态。但从财产关系上来说，小家总有挣脱大家庭束缚的趋势。这导致包括唐代在内的传统中国家庭一直在聚散之间循环，但其中永远蕴含着祖先崇拜与家系传承。

（三）同居之家的家系传承源于天然血缘的同一性

在同居家庭之中，父子间的纵向关系以及兄弟间的横向关系是基本的关系构成。由于家族世系的传承是家族的重中之重，因此父子之间的关系较之兄弟更为重要。古代社会以"气"来阐释父子关系的理论基础。人之血脉由父亲传给儿子，无论经多少世代之传承，都不会丧失血缘的同一性，这种血脉就是生命的本源，个人之本性均源于此。而这一血脉可以用"气"来表达。❸

这一"气"在《吕氏春秋》中的表达为"故父母之于子也，子之于父母也，一体而两分，同气而异息，若草莽之华实也，若树

---

❶ 张星久："从人的观念看中西政治法律传统的差异"，载《法商研究》1999 年第 1 期，第 103 页。

❷ 杨天宇：《礼记译注》，上海古籍出版社 2004 年版，第 815 页。

❸ ［日］滋贺秀三：《中国家族法原理》，张建国、李力译，商务印书馆 2013 年版，第 42 页。

木之根心也"。❶《吕氏春秋》借鉴道家中"精气"的概念,提出世间万物都由"精气"构成,"精气"所入之形体源于阴阳二气所化。❷精气是世间万物和谐共生的依据。《吕氏春秋》以"精气"为基,构建了一个完整的宇宙观。在这一以气为基的宇宙观之下主张同类相感。只有在"同类"和"同气"的情况下两个事物之间才会相互感应。❸精气为万物之本,也是道之所在,在满足"同类"与"同气"时,并不需要言语之表达,自然就可以实现本体上的沟通。父亲与儿子虽是两个个体,但因其生而为人,且所拥有的"气"同一,两者之间便可以相互感应,因而子相当于父之生命的延长,而父便是子之生命本源。这样将两个独立的个体视为一个连续的过程构成了古代中国人基本的人生观。北宋时,张载认为世间万物都源于"一气",朱熹继承并发展了张载的学说,认为宇宙的存在和发展不仅需要铸就万物的质料——气,还需要有形式上的理。理与气相结合,才有万物有规律的运动,才可化生出世间的形形色色。❹因为"气"的观念的形成让生命可以通过血缘关系的延续实现跨时空的永恒,让"父子一体"拥有抽象的哲理基础。❺而儒家所倡导的"父子有亲"和"长幼有序"又让同居之家的家庭成员分出了尊卑贵贱,不至于使家庭的秩序过于混乱。这样的尊卑关系在父子之间便表现为"父为子纲"。因此,在同居之家中,父亲是整个家产的管理人,拥有极大的权力处分家产,子孙难以干涉父亲。然而,父亲的权力也是有限制的,父子一体,父亲的生命终将由儿子

---

❶ 《吕氏春秋》,刘生良评注,商务印书馆 2015 年版,第 215 页。

❷ "精气之来也,因轻而扬之,因走而行之,因美而良之,因长而养之,因智而明之。"参见《吕氏春秋》,刘生良评注,商务印书馆 2015 年版,第 54 页。

❸ "类同相召,气同则合,声比则应"。参见《吕氏春秋》,刘生良评注,商务印书馆 2015 年版,第 633 页。

❹ 康德衡:"朱熹理气论与有机世界观",载《中华文化论坛》2020 年第 1 期,第 91 页。

❺ 金眉:"婚姻家庭立法的同一性原理——以婚姻家庭理念、形态与财产法律结构为中心",载《法学研究》2017 年第 4 期,第 43 页。

来延续。

父亲并非只有一子，为了家的传承与繁衍，其可能育有多子，因而其生命可能由多个儿子来延续。"父子兄弟，本同一气"，❶这些儿子虽有长幼之分，但同受父亲之"气"，兄弟之间便犹如人之手足，难以割裂。儒家将兄弟关系与父子、君臣、夫妇以及朋友关系并列，在讲求兄弟之间一"气"同源的同时，又强调长幼有序、兄友弟恭。兄弟之间须和睦相处，即使有所争吵，在家庭面对危机时，为了家庭，还是能团结对外。正因兄弟之间同气连枝，父亲的生命在每一个儿子身上都得到了延续，分家析产时土地才能在诸子间均分，不分长幼。

中国传统社会一直在朝着儒家所倡导的大同社会靠近。这种大同，不是自由者的肆意而为，而是社会井然有序，人们彼此间和谐一体，友爱无讼，即"天地万物，一人之身也"。❷所以，唐代政府鼓励人们"同居共财"，不仅是让人们从物质水平上实现生活富足，安居乐业，也是希望人们能在精神层面团结友爱、和谐有序，实现儒家所期望的理想生活。

结　语

安史之乱后，百姓流离失所，均田制已名存实亡。德宗时期，随着两税法的实行，均田制和以之为基础的租庸调法被废止。然而，随着社会的发展，在儒家思想的影响下，同居共财的情形更为普遍。同居之家不仅从世家大族、官僚士大夫阶层向平民阶层扩展，而且家庭内部成员的数量也更多，家庭内部的家规族约较之唐前期更为严格。从唐代至清代，同居共财一直影响着社会与家庭的各个角落，甚至到民国时期普通的村落中也依然存在着同居共财的

---

❶ ［日］中田薰:《论集》Ⅲ1317 页注 3 中引《元史·卷一九七·孝友传》，转引自［日］滋贺秀三:《中国家族法原理》，张建国、李力译，商务印书馆 2013 年版，第 43 页。

❷《吕氏春秋》，刘生良评注，商务印书馆 2015 年版，第 302 页。

习惯。在这上千年的时间中，家长始终是家庭内部拥有支配力的角色，也是政府民政与行政管理所能及的最基本单元，因此其在家庭生活的方方面面都有着不容小觑的影响。而家长的角色在父子间传递，使得同居共财之家得以延续。传统社会一直是自给自足的小农社会，农业生产占据家庭生活的主要部分，同居共财的存在有利于农业生产，更有利于社会秩序稳定，因此得以持续千年而不衰。

当今社会生产力水平得到了很大提高，农业不再是人民生存和致富的唯一途径，基于血缘关系的家族传承观念也逐渐淡化。然而，在中国的许多农村，尤其是少数民族的聚居地，农业生产依然是其家庭生活收入的主要来源，家族世系的传承仍然很受重视。这样的家庭大多聚居于一村，在家庭中家长仍然拥有相当的权威。唐前期对于同居共财及农业生产的严格规定以及背后所蕴含的哲理，是我国灵活处理农业与农村问题的本土资源，能为实现农村的法治化提供历史依据和本土基础。而我国的婚姻家庭有着独特的中国特色，婚姻家庭法的完善需要建立在尊重传统法律文化的基础上。不论是古代还是当今，家庭一直都是我们的心灵寄托之地，家庭成员之间始终是休戚与共、共享哀荣。我们须正确认识"同居共财"制度，深挖其中契合于家庭的有益因素，使其在当今社会重放光彩。

The Legal Relationship of "Cohabitation Common Wealth" in the Early Tang Dynasty——Expansion Based on the "Jun Land System"

Zhang Xi-zhao   Yuan Chao

Abstract：In the early Tang Dynasty, the society always advocated the "Cohabitation" and "Common Wealth". This life style was generally expressed as "the same domicile and common wealth", and the size of the family based on it was also quite different. After the implementation of the "Jun Land System", the land that can be bought and sold was only the Yongye land, Koufen land and rewarded land. The right to dispose of the land belonged to the head of the family. The sale of land required certain procedures, and the handling of disputes was conducive to the "landlord". As for the division of land, when the father was alive, the initiative belonged to the father. After the father died, the land division included the transfer of land management's rights and the horizontal division of land between the sons. Such a system revealed the tradition of Ethical Law based on agriculture – oriented Chinese traditional society, and also contained the certain ancient legal principle.

Key words: Cohabitation and Common Wealth, Family, Land sale, Land division, Ethical law

清末法学期刊：出版缘起、样态特征与历史价值[*]

清末法学期刊：出版缘起、样态特征与历史价值[*]

崔明轩[**]

摘要：作为我国期刊出版史的有机组成部分，清末法学期刊是在近代中国特殊的时代和社会背景下诞生的。据统计，1900 年至 1911 年间，陆续出版的清末法学期刊总共有 22 种，显示出了初创时期法学期刊以鼓吹变法修律为主要内容、出版地分布集中、创刊主体多元、编辑出版技术水平较高、具有一定历史局限的基本特征。总体来看，作为中国法制从传统向现代转型的历史见证者，清末法学期刊的编辑出版不仅是一个时代法政建设的历史缩影，而且还在西方法学的引入、法律知识的普及、法政学人的培养以及法制改革的促进方面作出了卓越的历史贡献。

关键词：清末　法学期刊　编辑出版　历史价值

中图分类号：D929　**文献标识码：**A　**文章编号：**

---

　　* 基金项目：本文系江苏省研究生科研创新计划项目"民国时期女性犯罪研究"（项目号：KYCX20_ 0006）、南京大学法学院"党建+科研"项目"知识考古学视域下中国共产党早期法学话语体系的建构（1921-1949）"的阶段性成果。
　　** 崔明轩，南京大学法学院博士研究生，研究方向：中国法律史。

法学期刊是现代学术体制的重要组成部分，在近现代法学学科的兴创与成长中发挥了重要的媒介作用。❶清末时期（1900 年至 1911 年）是我国法学期刊的初创期，关于清末法学期刊的编辑出版情况，现有研究成果还存在解读不深、概括不全的问题，❷有进一步深入研究的必要。本文将以知识考古学为视域，结合现有研究成果和数据库，对清末时期我国法学期刊的编辑出版实践进行考述，挖掘其出版缘起、分析其样态特征、概括其出版价值，以期为我国近代法律史和报刊出版史的研究提供一定的参考。

一、清末法学期刊的出版缘起

福柯的知识考古学认为，知识不是属于"真理和思想自由"的客观领域，而是与权力相互指涉、相互生产。所谓对知识的考古，就是考察知识形成的过程和原因。❸作为一种"知识"载体，❹清末法学期刊的创刊出版与当时特殊的时代及社会背景密不可分。为了从微观角度重新考察清末法学期刊的出版缘起，首先需要对清末法学期刊兴创的具体时空维度进行历史还原。

（一）民族危机下法律救国观念的兴起

晚清中国，风云激荡。甲午一战，中国虽历三十年之洋务，却

---

❶ 裴艳："《中华法学杂志》研究——兼谈民国后期法学民族主义话语"，载《中国政法大学学报》2011 年第 1 期，第 5 页。

❷ 现有研究成果主要着眼于解读《政法学报》《福建法政杂志》等个别刊物，在考察的全面性和深入性方面略显不足。具体参见雷安军："我国近代第一本法学期刊——《政法学报》"，载《出版发行研究》2017 年第 1 期；田振洪："近代中国高校法学期刊的先锋——《福建法政杂志》"，载《中国出版史研究》2020 年第 2 期。

❸ 金强："意义、路径与规制：知识考古学视域下阅读史研究的三个脉络"，载《编辑之友》2021 年第 9 期，第 26 页。

❹ 福柯将"知识"界定为某种话语实践，认为"由某种话语实践按其规则构成的并为某门科学的建立所不可缺少的成分整体"，就是"知识"。

以"东海大邦，见败于扶桑三岛"，❶使朝野震惊。1895年，严复在天津《直报》上发文慨叹："呜呼！观今日之世变，盖自秦以来未有若斯之亟也"，❷认为"如今日中国不变法则必亡是已"，❸第一次在中国喊出了"救亡"的口号。自此以后，"救亡"成了所有爱国者心目中最为关注的中心话题。在日益严重的民族危机下，一些有识之士开始认识到：仅从器物层面向西方学习远远不够，还需引进西方的政治法律体系，法律救国观念遂在中国兴起，一度成为时代主流思潮。❹至1906年，更有学者直接将法政之学称为"救国之学"，"问今日有何种学科可救我国之危亡，曰法政也"。❺为了宣传法律救国的思想主张，清末法政学人认为在报纸以外，还需创办专门的法学期刊，"报界有二，曰新闻，其饷社会以普通见闻者耶；曰杂志，其饷社会以高等知识者耶；就社会现象观之，有新闻无杂志，是为有见闻而无知识"，❻指出了与报纸相比，期刊在传播知识方面的独特功用。

（二）法律转型与变法修律运动的开启

中国是一个有着数千年法治文明的国家，以中国法系为核心的中华法系曾经引领东亚法律文明，塑造了东亚法圈。❼然而，清末时期，面对国家的萎败将亡，统治者不得不抛弃曾经行之有效的中华法系，转而推动法律制度向近代化转型。对于中国法律制度的近

---

❶ 于语和、金大宝："朝阳大学与我国法制近代化论略"，载《安徽大学法律评论》2003年第2期，第142页。

❷ 马勇主编：《严复全集》（第7卷），福建教育出版社2014年版，第11页。

❸ 马勇主编：《严复全集》（第7卷），福建教育出版社2014年版，第45页。

❹ 张雷："法治救国论与中国近代法律史学嬗变"，载《湖南社会科学》2013年第2期，第86页。

❺ 徐公勉："法政学交通社杂志发刊词"，载《法政学交通社杂志》1906年第1期，第1页。

❻ 沈曾植："题辞"，载《法政学交通社杂志》1906年第1期，第1页。

❼ 张仁善：《中国法律文明》，南京大学出版社2018年版，序言第1页。

代转型，有学者指出："清季迄今，变迁之大，无过于法律。"❶
1901 年，在八国联军入侵北京的隆隆炮声之中，仓皇西狩的慈禧以
光绪皇帝的名义发布上谕，提出"世有万古不易之常经，无一成不
变之治法"，❷清末变法修律运动的大幕由此拉开。从宏观视角来
看，变法修律运动可谓是清末法学期刊编辑出版的重要"推手"。
例如，清廷在变法修律中除主导制定《大清新刑律》《大清民律草
案》《大清商律草案》等部门法以外，还陆续制定并出台了《大清印
刷物专律》（1906 年 7 月）、《报章应守规则》（1907 年 10 月）、《大
清报律》（1908 年 3 月）等多部报刊出版法律法规。虽然这些由封建
朝廷主导制定的新闻法仍具有"限制多于保护"❸的特点，但是对于
清末法学期刊的编辑出版而言，还是起到了相当的促进作用。

（三）报纸期刊等近代传播媒介的发展

报纸期刊作为近代先进的传播媒介，最早是由西方来华传教士
兴创的。1815 年，英国传教士马礼逊、米怜在马六甲出版了近代第
一份中文报刊——《察世俗每月统计传》。自此以后，报纸期刊这
一近代传播媒介开始走进中国人的视野，发挥了"开发民智、灌输
新知识于国人"的历史作用。❹戊戌变法前后，在梁启超等近代报
刊巨匠的办刊实践中，外国垄断中文报刊出版的局面逐渐被打破，
中国人自主创办了《时务报》《格致新报》《点石斋画报》等一大
批政治、科技、文艺类报刊，为后续中文法学期刊的创刊出版积累
了宝贵经验。在前人办刊经验的基础上，1900 年 12 月 6 日，中国
近代第一本法学专业期刊——《译书汇编》——在日本东京正式创
刊，创办人为戢翼翚、杨廷栋、杨荫杭、雷奋等 14 名政法、经济

---

❶ 柳诒徵：《中国文化史》（下），上海古籍出版社 2001 年版，第 924 页。
❷ 李贵连：《沈家本传》，广西师范大学出版社 2017 年版，第 245~251 页。
❸ 贾岩："《大清报律》刍议"，载《传播与版权》2019 年第 4 期，第 10~11 页。
❹ 宋应离主编：《中国期刊发展史》，河南大学出版社 2000 年版，第 12~18 页。

专业留日中国学生，以译介国外政治、法律名著为主要内容。《译书汇编》在当时被誉为"留学界杂志之元祖"，●其编辑出版开启了近代中国兴创法学期刊的历史先河。

《译书汇编》创办以后，以译介国外政治法律名著为主要内容。创刊号"简要章程"指出："是编所刊以政治一门为主，如政治、行政、法律、经济、政史、政理各门。"❷第二编"改良规则"又进一步明确："本编所译辑者，以欧美、日本之政治法律为主，尤侧重于外交、财政、教育、警察等类。"❸在此宏旨之下，《译书汇编》陆续翻译出版了伯盖司的《政治学》、伯伦知理的《国法凡论》、孟德斯鸠的《万法精理》、卢梭的《民约论》、樋山广业的《现行法制大意》等经典著作，对于"启迪民智、灌输新知识于国人"厥功甚伟。

自第 2 编第 9 期开始，《译书汇编》的出版体例发生变化，设置了"写真""政法通论""政治""法律""经济""历史""杂纂""附录"等栏目，出版风格为之一新。对于改正体例的原因，《译书汇编第九期改正体例告白》指出：

> 本编创自庚子，其时败衅之余，同人留学斯邦，眷念故国，深惟输进文明，厥为译书，乃设社从事译事……凡事必求其进步，译书之事，仅能假他人之思想直接映之于吾，而不能即以为吾之思想，纯以吾之思想发表斯之谓学问独立。今于此数年中，欲骤脱译书时代，而进于学问独立时代，此故程度限之，不能骤及，然取他人之思想，而以吾之思想融会贯通之，参酌、甄别、引申、发明，实为二时代过渡之要着……本编体例，大加改正，以同人数年研究之心得，借本编以发表之，专主实学，不事空谈，取政法必要之问

● 宋应离主编：《中国期刊发展史》，河南大学出版社 2000 年版，第 65 页。
❷ 佚名："简要章程"，载《译书汇编》1901 年第 1 期，第 1 页。
❸ 佚名："本编改良规则"，载《译书汇编》1902 年第 1 期，第 5 页。

题，以与吾国民留心斯学者互相商榷"。❶

从这里我们可以看到，《译书汇编》并不止步于对西学的翻译出版，而是谋求"学问独立"，倡导"专主实学，不事空谈"，立意高远，思想深邃，不同于一般的凡俗刊物。

出版体例改正后的《译书汇编》，陆续发表了《法律与法理之别》《论研究政法为今日之急务》《有治法无治人说》等法学启蒙文章，有力地打破了当时传统封建礼法对人们的束缚。以《有治法无治人说》一文为例，作者质疑中国古代思想家荀子提出的"有治人无治法"的论断，认为："古代事简，人与人之关系、国与国之关系均无近世之复杂"，"近世社会变迁，世界进步，人类之事物状态，其复杂殆千百于古代，故非有完全之法，则几无可措其手足"。其进一步指出："近世之国家，就其国内之关系而言，则治者与被治者之间，且有一定宪法；就其国外而言，则弱国与最强国之间，且有一定之公法。其他有一事即有一法，一新事生则一法与之俱立，世界之秩序，无不赖法维持。"❷虽然作者的上述论断旨在强调法的作用，在今天看来也许不免浅陋，但在受儒家正统法律思想浸染两千余年的清末，其法治启蒙意义却是不言而喻的。

1903年，《译书汇编》更名为《政法学报》，仍继续沿革《译书汇编》第2编第9期的出版体例，只是在装帧设计、栏目设置、文章编排等方面益加精善，登载的文章也往往更加倾向于解决中国问题。"本报社说专演政法原理，针对吾国前途，取种种重大问题，全以学理解决。"❸发表了《论中国行政机关之缺点及其救济策——据行政法理立论》《论国际公法关系中国之前途》《中国与英美日新订通商条约之评论》等时事对策类文章，不仅对当时中国亟须面对的重大法政问题提出了具有针对性的解决方案，而且还为后续中

---

❶ 佚名："译书汇编第九期改正体例告白"，载《译书汇编》1902年第9期，第1页。

❷ 攻法子："有治法无治人说"，载《译书汇编》1903年第11期，第109~110页。

❸ 佚名："本学报十大特色"，载《政法学报》1903年第1期，第5~6页。

文法学期刊的创刊出版提供了参考蓝本，在中国近代法学期刊编辑出版史上产生了深远影响。从这一角度而言，《译书汇编》真可谓是"开一时之风气"的刊物。

二、清末法学期刊编辑出版的样态特征

为了厘清清末时期我国法学期刊编辑出版的基本样态，笔者以《上海图书馆馆藏近现代中文期刊总目》为基础，参酌现有研究成果及全国报刊索引网（http://www.cnbksy.net）等网络数据库的统计数据，共整理得到清末时期（1900 年至 1911 年）法学期刊 22 种（见表 1）。结合统计的 22 种清末法学期刊之办刊宗旨与登载内容，笔者认为，其在编辑出版方面主要具有以下特征。

表 1　清末时期（1900 年至 1911 年）法学期刊编辑出版情况一览表

序号	刊名	出版地	刊物起讫时间	主办单位/者
1	译书汇编（政法学报）	东京	1900.12~1904.05	译书汇编社
2	法政杂志	东京	1906.02~1906.06	张一鹏
3	宪政杂志	上海	1906~？	宪政研究会
4	北洋法政学报	天津	1906.08~1910.10	北洋法政学堂
5	宪法白话报	北京	1906.10~？	金天根
6	预备立宪官话报	上海	1906.11~？	庄景仲
7	宪政杂志	上海	1906.12~？	白作霖
8	宪报	上海	1906~？	杭息庐
9	法政学交通社杂志	东京	1907.01~1907.05	法政学交通社
10	法政丛志	广州	1907~？	广东法政学堂
11	法政学报	东京	1907~？	法政学报社
12	福建法政杂志	福州	1908.06~1909.？	福建法政学堂
13	预备立宪公会报	上海	1908.02~1910.01	预备立宪公会

续表

序号	刊名	出版地	刊物起讫时间	主办单位/者
14	法政介闻	上海	1908.07～1908.08	马德润、周泽春
15	法政新报	东京	1908～？	法政新报社
16	宪政新志	东京	1909.09～1910.07	张君劢
17	吉林司法官报	长春	1910.03～1911.09	吉林提法司
18	宪政白话报	汉口	1910.5～？	张国溶
19	法学会杂志	北京	1911.05～1923.01	法学会编辑部
20	法政杂志	上海	1911.02～1915.03	法政杂志社
21	法政浅说报	北京	1911～？	白鋆
22	安徽司法月报	安庆	1911.01～1911.08	安徽提法司

（一）以鼓吹变法修律为主要内容

清末变法修律运动是一场由统治阶级自上而下发起的法制改良运动，其兴起既有内因的作用，也有外因的影响。内因主要在于传统的中华法系无法回应近代社会与法律发展带来的深刻挑战，旧有的司法体制已不能适应社会现实的需要。❶外因则主要表现为清政府希望通过变法修律收回列强基于不平等条约攫取的在华领事裁判权，进而实现国家司法主权的统一。❷法学期刊作为当时先进的传播媒介，从内外因两个方面对变法修律的必要性进行了宣传和鼓吹。

以 1906 年创刊的《法政杂志》为例，该刊是清末著名法学刊物，由张一鹏先生在日本东京创办，以"备当局者着手之方针"，"饷普通人民以法政知识"❸为宗旨。针对内因问题，该刊集中登载

---

❶ 迟云飞：《晚清大变局：改革、革命与社会裂变（1901-1911）》，中国大百科全书出版社 2020 年版，第 211 页。

❷ 陈新宇、陈煜、江照信：《中国近代法律史讲义》，九州出版社 2016 年版，第 1～14 页。

❸ 张一鹏："法政杂志之趣旨"，载《法政杂志》1906 年第 1 期，第 1～5 页。

了一批反思传统礼法制度、宣传近代法治主义的文章，如《论礼与法》《中国典当与日本质权抵当权之比较》《法治国主义》等。针对外因方面，该刊非常重视国际法研究，主张中国通过变法修律渐次收回国家司法主权，陆续发表有《中国急宜收回租借地论》《论中国之外国人法律上地位》《论国际法与他之关系》等文章。

1906 年 8 月，《法政杂志》出版至第 6 期以后，其编辑出版事业转回国内，与当时北洋官报总局主办的《北洋学报》合并为《北洋法政学报》，在中国北方重镇天津继续出版。《北洋法政学报》由吴兴让担任主编，主要撰稿人有徐家驹、唐宝锷、沈家本等，设有"论丛""译汇""法令一斑""图画"等栏目。

总体来看，《北洋法政学报》的编辑出版，进一步印证了清末法学期刊与变法修律运动相互依存、休戚与共的关系。

首先，变法修律运动为法学期刊在我国境内出版提供了可能。戊戌变法以后，清廷认识到报刊可能危及其统治，对国人办刊的态度也开始由提倡转向限制。❶到 1903 年，更是发生了清政府与帝国主义相互勾结对爱国革命报刊进行联合镇压的"苏报案"。❷在这样的背景下，学术刊物（尤其是政法类刊物）的生存空间自然受到了极大的限制。但是，基于变法修律的需要，清廷不仅陆续设立了修订法律馆、宪政编查馆等新的法政机构，宣布开始"仿行宪政"，而且还在近代法学教育、司法体制等方面有所变革。为了实现变法修律的改良目标，兴创法学期刊的必要性日益凸显。对于编辑出版法学期刊的重要意义，《北洋法政学报》指出："今者法政学堂，各省渐次设立，然而为额有限，难期普及。欲期家喻户晓，又非文告号令，所能奏效，自非籍报章之力，不足以灌输全国。"❸最终，凭借变法修律的"东风"，清末法学期刊得以在中华大地萌生并持续出版。

---

❶ 吴琼："晚清留日学生出版实践及历史价值管窥"，载《中国出版》2018 年第 24 期，第 72 页。

❷ 吴廷俊：《中国新闻传播史稿》，华中理工大学出版社 1999 年版，第 109 页。

❸ 吴兴让："法政学报序"，载《北洋法政学报》1906 年第 1 期，第 1~4 页。

其次，清末法学期刊为变法修律改革者阐释法理提供了平台。例如，变法修律运动的主要执行者、修订法律大臣沈家本曾在《北洋法政学报》上发表《变通行刑旧制议》《妇女离异律例偶笺》《论威逼人致死》《监狱访问录序》等十余篇文章，对清末法律改革进程中遇到的重大问题作出了专业的解释和回应，有力地保障了变法修律运动的稳步推进。

（二）出版地分布集中

考察清末时期法学期刊的出版地，不难发现其具有明显的集中化分布趋势。图1是对22种清末法学期刊出版地分布情况的统计，根据图1可知，❶上海、北京及日本东京三地出版的法学期刊总数达16种，占全部清末法学期刊的72.7%。另外，天津、广州、福州、长春、汉口、安庆等经济相对发达的城市各有1种法学期刊创刊。

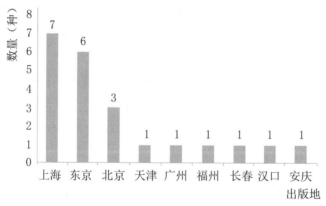

图1　清末法学期刊出版地分布情况一览

上海作为近代中国的新闻中心和报刊出版中心，❷北京作为当

---

❶　图1系笔者根据表1之统计数据制作。

❷　秦绍德：《上海近代报刊史论》，复旦大学出版社1993年版，第14页。

时中国的政治中心，法学期刊创刊出版数量较多不难理解。值得关注的是，与民国时期出版的法学刊物相比，清末法学期刊在日本东京出版的比例明显偏高。究其原因，笔者认为主要有以下两点。

第一，受留日中国学生办刊实践的影响。中日甲午战争后，为了挽救国家危亡，早在1896年，清政府就向日本派出留学生13人，此后逐年增加，到1905年已达8000人。❶莘莘学子，东渡扶桑，成了一时之风潮。面对截然不同的新环境，大批的留日中国学生亲身感受到了日本明治维新后国家政治、经济、思想文化等方面的日新月异。一批关心国事、思想敏锐的有识之士开始自觉谋求创办新型刊物，在宣传资产阶级民主共和思想、推动近代中国出版传媒事业发展方面做出了重要贡献。据日本学者实藤惠秀统计：自1898年10月至1911年5月，留日中国学生在日刊行的中文期刊总数多达59种。❷《译书汇编》《法政学交通社杂志》《法政学报》等刊物皆系留日中国学生主导兴创。

第二，清廷以日本为变法修律的主要学习对象。1898年4月，戊戌变法展开之际，张之洞就在《劝学篇》中总结了以日为师的优点："路近费省，可多遣；去华近，易考察；东文近于中文，易通晓；西书甚繁，凡西学不切要者，东人已删节而酌改之，中东情势风俗相近，易仿行。"❸1905年日俄战争后，清廷进一步认识到日胜俄败的原因在于日本制度优越，"以日为师"遂成当时有识之士的共识。在制定新法的过程中，日本人冈田朝太郎、松冈义正、小河滋次郎、志田钾太郎也被聘为修订法律馆顾问兼京师法律学堂教习。因此，从某种意义上来说，法学期刊在日出版，既是师于日本的需要，也是师于日本的结果。

---

❶ 王春南："清末留日高潮与出版近代化"，载《南京大学学报（哲学·人文科学·社会科学）》1992年第1期，第83~89页。

❷ 宋应离主编：《中国期刊发展史》，河南大学出版社2000年版，第63页。

❸ （清）张之洞：《劝学篇》，广西师范大学出版社2008年版，第72~73页。

（三）创刊主体多元

清末法学期刊的出版是我国近代早期政治体制、学术体制、出版机制和法学教育体制共同作用的结果。因此，在多种因素的影响下，清末法学期刊之出版主体呈现出明显的多元化特征。具体来看，其创刊主体主要有以下四种类型：

第一，政法机关。政法机关创办的法学期刊，通常以机关刊物的面貌呈现。清末时期，行政权与司法权最终分离，司法在皇权统一下获得了相对独立的地位，❶一些新的政法机关开始设立。在中央，"刑部著改为法部，专任司法，大理寺著改为大理院，专掌审判"。❷在地方，将按察使司转制为提法司；将全国审判衙门分为大理院、高等审判厅、地方审判厅、初级审判厅四级，并对应设立了总检察厅、高等检察厅、地方检察厅和初级检察厅。结合表 1 来看，尽管以政法机关为主体兴创的清末法学期刊仅有吉林提法司《吉林司法官报》、安徽提法司《安徽司法月报》两种刊物，但在民国时期，政法机关，尤其是各级审判厅（1927 年后改称法院）成为兴创法学期刊的重要力量，其办刊实践也为保存近代中国司法史料资料建立了不朽功勋。

第二，法政学堂。法政学堂是清末变法修律的产物，1905 年，伍廷芳、沈家本上《奏请专设法律学堂折》，指出了兴办法学教育的重要性。1906 年，《修律大臣订立法律学堂章程》出台，京师法律学堂及各地方的法政学堂纷纷设立，❸近代中国法学教育由此肇基。结合表 1 来看，北洋法政学堂《北洋法政学报》、广东法政学

❶ 陈新宇、陈煜、江照信：《中国近代法律史讲义》，九州出版社 2016 年版，第 36 页。

❷ 故宫博物院明清档案部编：《清末筹备立宪档案史料》（上册），中华书局 1979 年版，第 471 页。

❸ 陈新宇、陈煜、江照信：《中国近代法律史讲义》，九州出版社 2016 年版，第 34~35 页。

堂《法政丛志》、福建法政学堂《福建法政杂志》三种刊物系由法政学堂为创刊主体兴创。与政法机关创办的法学期刊相比，此类刊物往往更加重视法理探究。另外，对于各法政学堂校史研究而言，此类刊物也具有不可替代的史料价值。

第三，杂志社。总体来看，杂志社创办法学期刊通常以普及法律常识作为主要出版目的。清末时期，面对国民智识水平普遍不高的现实，法学期刊力倡"立宪国民必备法政知识""法治国民必有法律观念"❶，在"饷普通人民以法政知识"方面作出了杰出的历史贡献。结合表1来看，译书汇编社《译书汇编（政法学报）》、法政学交通社《法政学交通社杂志》、法政学报社《法政学报》、法政新报社《法政新报》、法政杂志社《法政杂志》五种刊物皆可划归此类。

第四，法政学人和法学学术团体。法政学人和法学学术团体是清末时期创办法学期刊的重要力量。梁启超指出："西人之为学也，有一学即一会"，"今欲振中国，在广人才，欲广人才，在兴学会"。❷结合表1来看，张一鹏《法政杂志》、金天根《宪法白话报》、庄景仲《预备立宪官话报》、白作霖《宪政杂志》、杭息庐《宪报》、张君劢《宪政新志》、张国溶《宪政白话报》、白鋆《法政浅说报》八种期刊系由法政学人主导兴创；宪政研究会《宪政杂志》、预备立宪公会《预备立宪公会报》两种期刊系法学学术团体所兴创。

（四）编辑出版技术水平较高

清末时期，法学期刊虽然仍处于萌芽发展的初创期，但在戊戌变法时期国人办刊经验的基础上，其编辑出版技术已经相当规范，尤其是在编辑、策划、版面设计、校对等方面已经初步具备现代化

---

❶ 程燎原："中国近代法政杂志的兴盛与宏旨"，载《政法论坛》2006年第4期，第11页。

❷ 梁启超：《饮冰室合集·文集之一》，中华书局1989年版，第33页。

水平。具体而言，主要体现在以下三个方面：

第一，出版方式的新颖。例如，近代中国第一本法学期刊——《译书汇编》——自创刊伊始就采用两面印刷、西式装订的新出版方式，成为中国杂志采用两面印刷和洋式装订的鼻祖。❶

第二，重视发挥图片的直观作用。在期刊的具体编辑工作方面，清末法学期刊不仅重视栏目的设置与划分、在文章编排方面力求主次分明，而且还特别重视发挥图片的直观作用。以《法政学报》为例，该刊创刊于 1907 年，是留日学生中立宪派分子所发行的刊物，主要栏目有"图画""社说""宪法""行政法""民法""商法""国际法""殖民政策"等。其中，"图画"栏目主要刊登日本法学界名人照片以及欧美各国法院建筑摄影等，今人进行法律史研究保存了重要的图片史料。

第三，已经具备一定的出版经营意识。尽管晚清时期期刊的产生与发展主要受意识形态而非商业利益的驱动，❷但在出版经费有限的情况下，清末法学期刊仍然以招揽广告、宣传促销、广设代售点等方式积极拓展业务空间。以《北洋法政学报》为例，其不仅登载有上海商务印书馆、《东方杂志》的广告，而且还在扉页上印有"广告例"，确立了"半年九折，长年八折"的促销策略。总体来看，《北洋法政学报》以多种方式充实资金、扩大影响，有力地保证了其日常支出和稳定运行。这表明，在清末时期，法学期刊已经具备了比较浓厚的出版经营意识。

（五）具有一定的历史局限

作为在特定历史时期出版传播的文化产品，清末法学期刊不可避免地存在一定的历史局限性。笔者认为，这种局限性主要体现在以下三个方面：

---

❶ 宋应离主编：《中国期刊发展史》，河南大学出版社 2000 年版，第 70 页。

❷ 刘兰肖：《中国期刊史（第 1 卷·1815–1911）》，人民出版社 2017 年版，第 32 页。

第一，登载内容存在局限。考察清末法学期刊登载的具体内容不难发现，尽管其始终以爱国反帝、救亡图存为研究、发表之主题，在一定程度上起到了宣传民主共和革命理念的作用，具有一定的历史进步意义。但与此同时，我们也必须看到，由于时代和创刊者自身的局限性，清末法学期刊对于帝国主义、封建主义的本质还缺乏清醒、自觉的认识，不少刊物还存在对帝国主义的某种幻想，许多刊物还受到维新改良派的影响，对人民群众的历史作用还缺乏正确认识。❶

第二，刊物寿命普遍较短。由于缺乏统一领导，加之经济上没有保障，清末法学期刊的编辑出版往往不易持久。结合表1来看，尽管在22种清末法学期刊中一些刊物的具体停刊时间至今已无法考证，但是结合其中刊物起讫时间明确的11种法学期刊可知，清末法学期刊具有刊物寿命普遍较短的特点，有的刊物甚至仅仅出版发行几个月便因故停刊（如《法政介闻》，前后仅存在1个月），除1911年创刊的《法学会杂志》以外，鲜有出版时间超过5年的法学期刊。

第三，刊物存在重名现象。期刊刊名相同容易造成读者的混淆，需要我们根据出版地、创刊年等信息才能进一步区分。通常来说，刊物重名非常不利于期刊的出版和传播，对读者也会造成很大的困扰。由表1可知，清末法学期刊存在重名现象（见1906年东京《法政杂志》、1911年上海《法政杂志》）。究其原因，或与当时信息传播不畅有关，但也不能排除后者欲借前者之名扩大影响的可能。

三、清末法学期刊编辑出版的历史价值

期刊作为一种特殊的文化商品，具有维系知识生产、促进知识传播的功能。面对近代中国"三千年未有之大变局"，清末法学期

---

❶ 宋应离主编：《中国期刊发展史》，河南大学出版社2000年版，第69~70页。

刊载荷急剧变革下的法政学术，不仅如实地记录了清末法律人法律救国的情怀和主张，而且还见证了近代中国法律从传统向现代转型的初始进程。❶总体来看，清末法学期刊作为沟通法界的媒介桥梁，其编辑出版主要具有以下几个方面的历史价值。

（一）西方法学的引入

自我国近代第一本法学期刊——《译书汇编》——开始，编者就将"欧美日本最新之书……汇编成册，饷遗海内"，❷为西方法学知识和法治理念在中国传播提供了表达的平台。《译书汇编》之后，翻译、出版西方法学著作成为清末法学期刊提倡、追随的标准模式。如《北洋法政学报》《法政丛志》《福建法政杂志》《法政介闻》《法学会杂志》皆以引介西方法学、昌明法学学术为办刊宗旨。这对于扩充国人法政观念，将"泰西法政界内实际学说输入我国"❸发挥了重要的作用。以 1908 年创刊的《法政介闻》为例，该刊创刊号即登载有施愚《德意志国法学》、胡钧《德普现行宪政》、马德润《德意志国民法全书》等德国法制译介文章，反映了编辑出版者在译介、输入西方法学时的多元追求。总体来看，在清末中国法律制度近代化转型的关键时期，清末法学期刊作为引介西方法学的前沿阵地，为我国近代代舶来大陆法系构筑了传播平台并奠定了决定性基础。❹

（二）法律知识的普及

清末法学期刊是近代特殊历史背景下的产物。面对清末国人法

---

❶ 崔明轩："近代中国法律期刊的历史考察——以出版谱系为视角"，载《湖南社会科学》2021 年第 6 期，第 150~151 页。
❷ 王振锁、张聚国编：《亚太主要国家历史与文化初探》，天津人民出版社 2001 年版，第 447 页。
❸ 佚名："欧美法政介闻简章"，载《法政介闻》1908 年第 1 期，第 1 页。
❹ 王灏："辛亥革命时期法政杂志与西法东渐"，载《北方法学》2011 年第 5 期，第 121 页。

律知识严重缺乏的问题，清末法学期刊以培养法治国民为目标，倡导"立宪国民必备法政知识""法治国民必有法律观念"。❶因此，在栏目设置、封面设计及语言风格等方面，追求普及法律常识的大众化导向明显，扮演了大众传媒与法理探究的双重角色。❷以《福建法政杂志》为例，该刊在栏目设置方面除"插画""论说""译丛""史传"外，还特别设有"杂录"栏目，专门收录通俗易懂的法律格言。载有"新法律为将来而设，不为过去而设""法律不布告之无服从之义务""正直为法律中之法律"等，以大众化的朴实语言，向普通民众传播了法不溯及既往原则、法律公开原则、自然法思想等现代法学知识和理念。经过清末法学期刊持续不断的传播和影响，君主专制桎梏下我国普通民众政治能力低下、法律观念淡薄的状况逐渐得以改观，西方的自由、平等、民主、民权观念开始深入人心。

（三）法政学人的培养

期刊既是职业共同体的凝合剂，也是维系知识生产的重要手段。❸清末法学期刊的出版，不仅为法政学人探究法理提供了表达的平台，而且还在编辑与作者的互动中造就了一大批民国法政论坛的"弄潮儿"，促进了中国新式法政学人的成长。❹恰如沈家本在《法学会杂志》复刊序言中所言："异日法学昌明，钜子辈出，得与东西各先进国家媲美者，斯会实为之先河矣。"❺一大批在后来具有广泛影响的法政名家，譬如梁启超（曾任北洋政府司法总长）、

---

❶ 程燎原："中国近代法政杂志的兴盛与宏旨"，载《政法论坛》2006 年第 4 期，第 11 页。

❷ 张仁善："近代法学期刊：司法改革的'推手'"，载《政法论坛》2012 年第 1 期，第 48 页。

❸ 王健："说说近代中国的法律期刊"，载《法律科学》2003 年第 5 期，第 31 页。

❹ 王灏："辛亥革命时期法政杂志与西法东渐"，载《北方法学》2011 年第 5 期，第 123 页。

❺ （清）沈家本："法学会杂志序"，载《法学会杂志》1913 年第 1 期，第 1~2 页。

许世英（曾任北洋政府司法总长）、林长民（曾任北洋政府宪法起草委员会委员）等，都曾在清末法学期刊上发表文章，直抒己见。总体来看，在清末法学期刊的学术引领下，这些法政学人以法律救国的责任情怀，针对中国法制传统与法律现代化等诸多问题，提出了独到而深刻的见解主张，逐渐成长为中国近代历史上不可多得的法学人才。

（四）法制改革的促进

清末法学期刊的出版，还在很大程度上促进了近代中国法制改革的历史进程。以《北洋法政学报》为例，其登载并广泛传播了《大理院奏调查日本裁判监狱情形折》《法部奏各级审判厅试办章程》《法部奏议复修律大臣沈奏实行改良监狱折》《宪政编查馆核定各省提法使官制》等官方政策文件，使得"司法独立""监狱以感化犯人为目的"等现代法制理念逐渐被公众所熟知，为清末官制改革、监狱改良以及"四级三审制"的确立奠定了良好的社会舆论基础。此外，《吉林司法官报》《安徽司法月报》等早期政法机关刊物的出现也为后续的法制改革信息的及时公开提供了媒介平台。1912 年民国成立以后，法制改革继续沿着清末确立的道路方向不断前行。民国时期，法学期刊进一步深入地参与检察制度存废、县长兼理司法、司法经费不足等重大法制改革问题的讨论之中，为中国法制实现从传统到现代的历史转型做出了卓越的媒介贡献。

四、结论与启示

清末法学期刊是中国近代法律史和期刊出版史研究中值得关注的对象，其创刊发展并不是偶然出现的，而是近代中国被迫引进西方的报刊出版系统，进而产生各种专业期刊这一整体进程的有机组成部分。对清末法学期刊编辑出版实践的爬梳整理，既有利于保存史料，客观、真实地揭示当时的法律与社会，也有利于为我国当前法学学科体系、学术体系、话语体系的构建提供一定的历史借鉴。从清末法学期刊的编辑出版实践中，我们可以还提炼出以下几点对当今法学期刊发展创新具有启示意义的历史经验。

其一，准确把握时代脉搏，勇于承担历史重任。作为一种与政治具有紧密关联的出版物，法学期刊必须具备把握时代脉搏的眼光和能力。清末时期，面对"三千年未有之大变局"，法学期刊于"中外融通之间，求学问之独立"，坚忍负重救时救国和匡扶天下的责任使命，在内忧外患的时局下发出了"法律救国"的久远回音和自强声息，❶发挥了促进中国法制现代化的历史作用。今天，在新冠肺炎疫情的影响下，法学期刊如何以其媒介作用引领中国法学学科体系、学术体系、话语体系，是当代法学期刊不可推卸的时代使命。对此，清末法学期刊的编辑出版实践可以为我们提供许多有益的历史参考。

其二，重视期刊受众心理，积极拓展影响范围。读者作为各类期刊出版物的受众群体，能够在很大程度上决定刊物的影响范围。清末时期，法学期刊的受众群体不仅有政府官员、法官律师等法学精英，也有普通民众、青年学生等一般人群。面对多元的受众群体，清末法学期刊准确把握受众心理，在编辑出版实践中做到了钻研学理与贴近民众的兼顾，扮演了"大众传媒与法理探究的双重角色"，❷成功地扩大了法学期刊的传播影响范围。因此，注重分析和把握期刊的受众人群及其心理特征，并在此基础上明确刊物的出版宗旨和登载内容，❸是对当前我国法学期刊扩大传播影响范围的一个重要启示。

---

❶ 程燎原："中国近代法政杂志的兴盛与宏旨"，载《政法论坛》2006年第4期，第3页。

❷ 张仁善："近代法学期刊：司法改革的'推手'"，载《政法论坛》2012年第1期，第48页。

❸ 参见吕强："民国地方医学期刊的出版及其防疫宣传——以西安出版的医学期刊为例"，载《出版发行研究》2020年第7期，第104页。

On the Origin, Features and Historical Value of Legal Periodicals in the Late Qing Dynasty

Cui   Ming-xuan

Abstract: as an integral part of the publishing history of Chinese periodicals, legal periodicals in the late Qing dynasty were born in the special era and social background of modern China. According to statistics, from 1900 to 1911, there were 22 kinds of legal periodicals published in succession in the late Qing dynasty, which reflects the characteristics of the legal periodicals in the initial stage mainly advocate the revision of law, the distribution of publishing places is centralized, the founders of periodicalsare diversified, the editing and publishing technology is relatively high, and there are some historical limitations. Generally speaking, as the historical witnesses of the transformation of Chinese legal system form traditional to modern, the editing and publishing of these legal periodicals not only reflects the historical epitome of political and legal construction of an era, but also makes outstanding historical contributions in introducing western jurisprudence, popularizing legal knowledge, training legal talents and promoting the improvement of legal system.

Keywords: the late Qing dynasty, legal periodicals, editing and publishing, historical value

【实务研究】

执行程序中追加名义债务人配偶为被执行人的可行性探析

赵永刚[*]

内容提要：长期以来，执行中能否追加名义债务人配偶为被执行人问题一直是理论与司法界的热点与难点。截至《最高人民法院关于民事执行中变更、追加当事人若干问题的规定》（以下简称《追加规定》）等司法解释的出台，追加"肯定说"与"否定说"两种观点并存长达二十余年。司法解释将执行中所有能够追加被执行人的情形明确化、法定化，并强调追加限于法定情形，而追加配偶未被列入，从而结束了其长期合法与否不明的灰色状态。但学界支持追加的声音不曾停止。在执行实务中，追加名义债务人配偶的路径被堵塞，拒绝追加不具有制度的合理性。许可执行程序追加债务人配偶为被执行人有利于公平保护债权人和提升程序效率，追加名义债务人配偶应当设置科学的审查和救济程序。

关键词：追加　债务人配偶　夫妻共同债务　被执行人

---

[*] 南通市中级人民法院执行局助理审判员。

一、问题的提出

强制执行程序是兑现债权人胜诉权益、实现公平正义的最后一道防线，也是人民法院展示司法公信力和强制力的重要制度。债权的实现取决于债务人履行债务的能力，名义债务人名下有财产可供执行自不待言，但遗憾的是，大量案件却揭示了这样的现象：名义债务人名下无可供执行的财产，债权人所提供的财产线索却指向名义债务人配偶，而配偶又非执行名义确定的债务人。围绕配偶名下的财产能否执行、如何执行以及如何分配处置权益，理论和实务界争议不断，法律及司法解释未作出明确、具体的操作细则，且因配偶不服而衍生出了大量异复议、异议之诉甚至信访，极大地延缓了执行进程。在此困境下，债权人为一劳永逸地解决财产权属争议问题而申请追加名义债务人配偶为被执行人，成功追加意味着债务人配偶作为被执行人也有义务以其个人财产偿还全部债务。

（一）债权人在执行程序中申请追加债务人配偶的原因剖析

1. 生效法律文书未确定配偶为债务人

这是债权人提出追加申请的直接原因。以合同之债为例。债权人基于与债务人之间签订的合同发生争议后，在确定被告时一般不会考虑债务人配偶，概因合同相对性使然。有的债权人在起诉时未作认真考虑，存在认识偏差或认识模糊。换言之，债权人要求夫妻共同承担责任的实质诉求与其仅列单方为被告的表象诉求之间产生了冲突。❶

---

❶ 杜博："论执行程序中夫妻共同债务的推定"，载《南宁师范大学学报（哲学社会科学版）》2019 年第 5 期，第 45 页。

另外，根据《民法典》夫妻共债共签原则，若债务人配偶未在合同上签字又未追认，判定配偶知情几无可能，这无疑增大了债权人的举证负担和败诉风险，加之部分法官做调解工作时可能会说服债权人放弃列债务人配偶为共同被告，各方面原因叠加导致债权人起诉时未将债务人配偶列为被告或本已列为被告后又撤回。

2. 名义债务人个人名下无财产或财产不足以清偿债务

我国属于法定夫妻共同财产制，即除非双方明确约定，否则无论该财产名义上登记或控制在单方还是双方名下，夫妻关系存续期间单方或双方共同创造的财产收益均属于夫妻共同财产，从而客观上造成了夫妻债务负担与财产权属的分离甚至背离。

典型如夫妻离婚的情况。在极端情况下，夫妻离婚协议或判决将所有或大部分财产确定归夫或妻一方所有，而债务由另一方负担或债务各负，这就造成了一方无财产履行债务，而有财产一方不负债务的局面，尤其是当债务人负债较多资不抵债时，配偶主张债务性质属个人而财产归配偶单方所有或对夫妻共同财产享有份额。债权人自然猜疑债务人与配偶串通以虚假离婚方式转移财产规避执行。

3. 夫妻共担债务有一定的传统观念基础

家庭是社会生活的基本单元，而夫妻又是家庭的基本组成部分。在我国的社会道德观念里，夫妻一直被视作同甘共苦的命运共同体。夫妻双方的人身与财产依附性较强，尤其是在家有老人、小孩需要照顾、抚养的情况下，无法精确区分夫妻哪一方对增加家庭财产的贡献更大，哪一方对照料家庭的贡献更大，甚至有时只能有夫妻一方外出工作，而另一方专职照料家庭。不可否认，专职照料家庭的一方也在家庭财产的积累过程中做出了不可或缺的贡献。因此，尽管夫妻分属两个不同的自然人个体，但基于夫妻双方已成为普遍意义上不可分割的整体，从家事代理权的角度来看，在对外关系上，夫或妻一方对外所发生的法律行为、法律后果，一般推定及于另一方，这符合社会人的朴素法律思维。鉴于此，当名义债务人名下无财产时，债权人申请追加配偶被执行人以实现其利益最大化属于本能反应。

（二）执行中追加配偶为被执行人的两种观点

针对执行中追加配偶为被执行人，理论界和实务界存在两种观点。一种是肯定说，主张人民法院对于债权人提出的追加名义债务人配偶为被执行人的申请，可以根据《民法典》及有关司法解释的规定，在执行程序中对债务性质作出初步审查，符合夫妻共同债务特征的，裁定予以追加，反之则不予追加。执行中追加可以在一定程度上避免另诉对司法资源的浪费，[1]且对防范债务人与配偶串通转移财产规避执行也具有重要意义。[2]执行实务中频频出现的被执行人夫妻债务负担与财产权属之间的分离呼唤执行权主观范围的扩张，执行中追加债务人配偶似乎在所难免。

另一种是否定说，认为执行权属于公权力，根据"法无规定不可为"的原则，执行中追加被执行人限于法定情形，追加名义债务人配偶并不在列，人民法院不得随意扩大追加范围，应裁定对该追加申请不予受理并告知债权人另诉解决。执行中追加债务人配偶为被执行人，会导致执行行为与执行依据相矛盾，无法解释法院追加债务人配偶为被执行人的正当性。同时，执行法官追加了非举债方配偶为被执行人，实质上是对诉讼中实体权利义务的再次裁决，突破了我国执行权的配置，执行法官的追加行为存在越权之嫌。[3]人民法院在执行中可以且仅能对生效法律文书确定的名义债务人及其

---

[1] 王庆宇："夫妻财产执行：理论、实践与规则"，载《时代法学》2020年第4期，第65页。

[2] 邱星美："执行权与审判权之界域研究"，中国政法大学2016年博士学位论文，第124页。

[3] 滑金旭、李成云："论我国夫妻共有财产执行的困境与出路——基于夫或妻一方为名义债务人的视角"，载《佳木斯职业学院学报》2017年第8期，第137页。

所有的财产采取执行措施，且非法定情形不得追加被执行人，这是执行权主观范围和客观范围的限缩性要求，❶执行中追加债务人配偶似乎无路可循。

二、关于执行程序中追加配偶的司法观点之流变

囿于对执行权的扩张及限缩难以准确把握合理尺度，最高人民法院、各地高级人民法院在制定或起草有关法律文件的过程中长期未能形成一致处理意见，最高人民法院大法官对该问题的表态也不尽相同。

（一）最高人民法院制定或起草的相关法律文件及大法官的观点总体呈现了由肯定说到否定说的转变

1. 第一阶段——明确支持追加

2009 年 12 月 23 日，最高人民法院院长信箱在答复网民问题时指出，对执行中追加原配偶的问题不能一概而论，首先应审查确定执行依据确定的债务是否属于夫妻共同债务，只有属于夫妻共同债务，才能在执行程序中追加其原配偶为被执行人。此时，最高人民法院对执行中追加配偶持肯定态度。

2011 年 3 月最高人民法院执行局发布的《民事强制执行法（草案第六稿）》第 23 条、第 24 条规定，除执行依据确定的义务人外，执行依据确定或依执行依据推定的夫妻共同债务的夫或者妻，包括前夫或前妻，可以作为执行债务人。债权人对追加裁定不服的，可以自裁定送达之日起 10 日内，向执行法院提起许可执行

---

❶ 叶汉杰："债务性质未定前提下执行夫妻财产的实践乱象与出路——基于对三种差异规定与四类判决思路的研究"，载《法律适用》2015 年第 1 期，第 32 页。

之诉；债务人不服的，可以在执行终结前，向执行法院提起债务人异议之诉。●由于该法尚处起草阶段，未来是否对此规定作出调整且何时审议通过并无定论，故其中有关执行中追加配偶的规定只能视作最高人民法院彼时的观点，不能作为有效法律条款或司法解释援引。

最高人民法院原副院长江必新认为，执行程序中追加债务人配偶为被执行人是基于我国婚姻法关于夫妻共同财产及日常家事代理权的法理基础，能否追加不宜一刀切，应区分具体案情简易或复杂程度而定。对于法律关系简单、事实清楚、双方争议不大的，在经过严格的听证程序、充分听取当事人意见的基础上，对于能够证明夫妻双方举债合意或举债用于家庭生活的，可从提高执行效率、减少当事人讼累的角度，追加债务人配偶为被执行人；而对于事实不清、双方争议较大的情形，则不建议在执行程序中追加，而是告知当事人通过另诉方式解决。

2. 第二阶段——未明确是否可以追加

2011 年 5 月 27 日，最高人民法院出台《关于依法制裁规避执行行为的若干意见》，●根据该规定，债务人以离婚析产等方式恶意转移财产规避执行的，执行法院可以通过依法变更追加被执行人或者告知申请人寻求诉讼程序。遗憾的是，该意见对能否在执行中追加配偶的问题语焉不详，由此导致实践中对此产生了不同的理解与适用，有的法院认为可以此为法律依据追加配偶，而有的法院则认为"依法追加"意指必须有其他明确的追加债务人配偶的法律规定，否则便会落入另一种救济途径，即诉讼程序。

2012 年 6 月，最高人民法院执行局在给山东省高级人民法院的

● 杜博："论执行程序中夫妻共同债务的推定"，载《南宁师范大学学报（哲学社会科学版）》2019 年第 5 期，第 46 页。

● 该意见第 20 条规定："有充分证据证明被执行人通过离婚析产、不依法清算、改制重组、关联交易、财产混同等方式恶意转移财产规避执行的，执行法院可以通过依法变更追加被执行人或者告知申请执行人通过诉讼程序追回被转移的财产。"

《最高人民法院关于能否在执行程序中确定夫妻共同债务的答复》中认为，该问题属实体问题，在涉案生效判决并未明确的情况下，不应通过执行程序直接确定为夫妻共同债务。❶该答复仅明确了执行中不能对夫妻共同债务性质作出判定，但对于追加配偶是否以夫妻共同债务的确定为前提以及执行中能否追加配偶等问题并未予明确。

刘贵祥专委在 2016 年 1 月 9 日全国法院执行工作经验交流座谈会总结讲话中指出，执行依据未明确债务为夫妻一方个人债务的，如果债务发生在夫妻关系存续期间，配偶不能证明非夫妻共同债务的，可以推定为夫妻共同债务，并可以直接执行夫妻共同财产、配偶（包括已离婚的原配偶）的个人财产。配偶有异议的，可以根据《民事诉讼法》的规定进行救济。其认为，可以在执行程序中确定债务性质，属夫妻共同债务的可直接执行配偶的个人财产，但同样回避了执行中是否可追加配偶的问题。

3. 第三阶段——明确不支持追加

杜万华专委在 2016 年 3 月 3 日答记者问中表达了不同观点。其认为，追加当事人必须被限定于法律明确规定的范围，未经法律明确规定不得追加。若生效判决未确定债务人配偶的责任，则执行中不得追加配偶为被执行人，也不得对债务性质作出认定，这属于审判而非执行程序解决的事项。

2016 年 8 月 29 日，最高人民法院对散见于司法解释中有关变更、追加当事人的情形进行了系统归纳整理，制定了《追加规定》，标志着人民法院执行中办理追加申请时终于有了专门的司法遵循。最高人民法院于 2016 年 11 月 22 日发布的《最高人民法院关于在执行工作中规范执行行为切实保护各方当事人财产权益的通知》第 2 条第 3 款规定："在执行程序中直接变更、追加被执行人的，应

---

❶　张广军、刘伟："强制执行中执行标的的扩张与制约——以夫妻共同财产的执行为视角"，载《山东法官培训学院学报》2014 年第 5 期，第 103 页。

严格限定于法律、司法解释明确规定的情形。各级人民法院应严格依照即将施行的《最高人民法院关于民事执行中变更、追加当事人若干问题的规定》，避免随意扩大变更、追加范围。"《最高人民法院关于依法妥善审理涉及夫妻债务案件有关问题的通知》第 2 条规定："……未经审判程序，不得要求未举债的夫妻一方承担民事责任。"

综上可以发现，早期最高人民法院对执行中追加债务人配偶问题基本持肯定态度，至少未反对执行中追加配偶；而《追加规定》出台前后，最高人民法院的态度发生转变，明确追加仅限于法定情形，避免随意扩大追加范围，追加配偶并不在法定追加情形之列，从而通过反向规定方式确定了执行中不得追加配偶为被执行人的原则，结束了此前悬而未决的争论状态。

（二）各地高级法院司法文件的观点不统一

1. 明确可以追加，以上海市高级人民法院和江苏省高级人民法院为代表

《上海市高级人民法院关于执行夫妻个人债务及共同债务案件法律适用若干问题的解答》认为，执行中可以对所涉债务是个人债务还是夫妻共同债务作出判断，属于共同债务的，裁定追加被执行人配偶为被执行人。❶江苏省高级人民法院对执行中是否追加配偶曾多次作出解答，总体赞同追加，但对当事人不服追加裁定的救济

❶ 《上海市高级人民法院关于执行夫妻个人债务及共同债务案件法律适用若干问题的解答》规定："执行依据中没有对债务性质作出明确认定，申请执行人主张按被执行人夫妻共同债务处理，并申请追加被执行人配偶为被执行人的，执行机构应当进行听证审查，并根据下列情形分别作出处理：（一）应当认定为被执行人个人债务的，作出不予追加决定；（二）须另行诉讼确定债务性质的，作出不予处理决定；（三）除应当认定为个人债务和执行中不直接判断债务性质的情形外，可以认定为夫妻共同债务，裁定追加被执行人配偶为被执行人。"

路径前后规定有变化。❶

2. 明确不得追加，以北京市高级人民法院为代表

《北京市法院执行工作规范》第 539 条规定，执行依据确定的债务人为夫妻一方的，根据现行法律和司法解释的规定，不得裁定追加被执行人配偶为被执行人。申请执行人主张执行依据确定的债务为夫妻共同债务，申请追加被执行人配偶为被执行人的，告知其通过其他程序另行主张。

---

❶ 《江苏省高级人民法院关于执行若干疑难问题的解答》第 6 条对于"在执行过程中如何认定夫妻共同债务从而裁定追加配偶为被执行人"的问题解答如下："执行依据中未对债务性质作出明确认定、申请执行人曾在诉讼过程中撤回对配偶方的起诉、调解书虽列明配偶为当事人，但是未要求其承担实体责任的，执行过程中，申请执行人申请追加被执行人配偶为被执行人的，执行实施机构均应当予以审查，并作出是否追加的裁定。执行依据载明的债务人为夫妻中的一方，对于在夫妻关系存续期间形成的债务，除非符合法律规定的个人债务的条件，一般推定为夫妻共同债务，被追加人主张不是夫妻共同债务的，由其负担举证责任。有证据证明被执行人因赌博、吸毒、犯罪等不法行为所负债务，应当认定为个人债务。与家庭生活有关的担保之债、侵权之债等应当认定为夫妻共同债务。与家庭生活无关的担保之债、侵权之债等一般不应认定为夫妻共同债务。被追加为被执行人的配偶认为债务不属于夫妻共同债务而提出执行异议的，应按照民诉法第 227 条进行审查，最终通过异议之诉解决债务性质问题。"《江苏省高级人民法院执行局关于统一夫妻共同债务、出资人未依法出资、股权转让、一人公司等四类案件追加当事人及适用程序问题的通知》第 1、2 条规定："对于夫妻共同债务等四类案件，原则上应严格按照执行依据确定的义务承受人确定被执行人，除法律和司法解释明确规定的情形外，不得在执行程序中追加执行依据确定的义务承受人以外的人为被执行人。申请执行人认为执行依据确定的义务承受人以外的人应当承担责任的，可以另行向人民法院提起诉讼。对于在执行程序中认定为夫妻共同债务的案件，如果符合法律、司法解释等规定的追加条件的，可以作出追加被执行人的配偶为被执行人的裁定，予以追加。被执行人的配偶不服人民法院作出的追加裁定，提出书面异议的，适用民诉法第 225 条的规定，对其异议进行审查。"《江苏省高级人民法院执行异议及执行异议之诉案件审理指南（一）》第 11 条第（五）项规定："执行法院已经裁定变更或追加未参加诉讼的被执行人配偶一方为被执行人，并在执行裁定中告知其提起执行异议之诉，但在该配偶一方提起诉讼后又以执行异议裁定错误告知救济途径为由裁定不予受理或驳回起诉，该配偶不服原裁定的，如该配偶名下财产已经执行完毕，应通过执行监督程序进行审查处理；如该配偶名下争议的财产尚未执行完毕的，通过执行监督程序撤销原裁定，告知该配偶按照民诉法第 227 条规定，就执行其名下财产的行为提起案外人异议。"

3. 《追加规定》出台前可以追加，出台后不得追加，以江西省高级人民法院为代表

江西省高级人民法院执行局于 2017 年 7 月 17 日发布的《民事执行实务疑难问题解答（1）》认为，对于 2017 年 3 月 1 日前（即《追加规定》出台前）已作出生效判决只确定夫妻一方为债务人且未明确债务性质的案件，可以在执行程序中审查确定究竟按个人债务还是按夫妻共同债务执行，但必须保障债务人配偶的程序权利。《追加规定》出台后判决的案件，由于该司法解释明确将直接追加配偶排除在外，因此不能直接追加或变更配偶为被执行人。

还有的法院虽未明确执行中是否可以追加配偶，但认可执行中对债务性质作出判断，属于夫妻共同债务的，可以直接执行配偶名下的财产，如《浙江省高级人民法院关于执行生效法律文书确定夫妻一方为债务人案件的相关法律问题解答》。❶

三、司法实务中的处理意见不统一

法律规定的目的是为社会人的行为提供合法指引，并为司法机关裁判和执行提供法律依据。合理的法律规定应当具有可预见性，并能回应大众对统一司法尺度的期盼。而法律规定的不明确和不统一势必会引发司法实践中的同案不同判，有损司法权威。一直以来，关于追加债务人配偶的问题，立法上缺乏统一的、具有广泛接受度的法律规范，执行实务中也存在法律适用及处理方式的混乱，

---

❶ 《浙江省高级人民法院关于执行生效法律文书确定夫妻一方为债务人案件的相关法律问题解答》认为，执行机构根据相关证据经审查判断属于夫妻共同债务的，可直接执行夫妻共同财产或者非被执行人的夫妻另一方名下的财产，而无需裁定追加夫妻另一方为被执行人。债务性质经判断为夫妻一方个人债务的，执行机构不得对夫妻另一方个人所有的财产采取执行措施，申请执行人对判断为个人债务有异议，执行机构应当告知其另行诉讼解决。申请执行人提起诉讼的，立案部门应当受理，案由为夫妻共同债务确认纠纷。

各地法院莫衷一是。笔者以"追加""被执行人""配偶""夫妻共同债务"为关键词,在中国裁判文书网案件库中检索,共得裁判文书 5853 篇。其中,最高人民法院 12 篇、高级人民法院 168 篇、中级人民法院 1798 篇、基层人民法院 3846 篇。"肯定说"与"否定说"两种观点的碰撞在所检索裁判文书中体现得淋漓尽致。尽管我国不是判例法国家,案例不能直接作为裁判援引的依据,但生效法律文书在人民法院办理类似案件中作为参考风向标,具有司法导向作用。

(一) 支持追加的案例

裁判理由:根据《最高人民法院关于适用〈中华人民共和国婚姻法〉若干问题的解释(二)》第 24 条(现《民法典》第 1064 条、第 1065 条)的规定,夫妻关系存续期间夫妻一方为家庭生活对外所负债务,首先应推定为夫妻共同债务,法定情形除外;人民法院据此可以在执行中直接追加债务人配偶为被执行人,当事人不服的,通过异议之诉程序解决。

如广东省高级人民法院 [2019] 粤民申 9019 号民事判决书载明:本案系执行异议之诉纠纷,争议焦点是案外人陈某关于执行法院在执行中追加其为被执行人的异议是否成立。涉案债务发生在被执行人莫某与案外人陈某夫妻关系存续期间,执行依据确定由莫某承担全部债权债务。依据已有的证据,一、二审法院认定涉案投资建房行为属于夫妻共同生活期间的共同生产经营行为,而陈某未能提供证据予以反驳,应承担相应的法律后果。本案关于夫妻债务的认定,已历经一、二审两个完整的诉讼程序,陈某的相关诉讼权利和合法权益已经依法得到保障,执行法院认定该债务属于陈某、莫某夫妻共同债务并追加陈某为被执行人,并无不当。❶

---

❶ 参见广东高院 [2019] 粤民申 9019 号民事判决书。

（二）不支持追加的案例

裁判理由：追加被执行人应限于法定情形，人民法院不得随意扩大追加范围。追加配偶不属于法定的追加情形，人民法院不得援引实体法审查并作出追加裁定。且对夫妻共同债务的判定属重大实体问题，应由审判程序解决，❶执行中作出判断，剥夺了配偶的程序权利，违反了审执分离原则。❷

如吉林省高级人民法院［2021］吉民再 203 号民事判决载明：该案焦点问题在于能否确定案涉债务属刘某与王某夫妻共同债务及能否追加王某为被执行人。执行程序中追加被执行人意味着直接通过执行程序确定由生效法律文书列明的被执行人以外的人承担实体责任，对各方当事人的实体和程序权利将产生极大影响。故执行程序应当按照生效判决确定的执行依据进行，变更、追加被执行人应当遵循法定原则和程序，不得在法律和司法解释规定之外或者未经依法改判的情况下变更、追加被执行人。从现行法律和司法解释的规定来看，并无关于在执行程序中可以追加被执行人的配偶或原配偶为共同被执行人的规定。申请执行人申请的支付令被执行人为刘某，没有生效法律文书确认该笔债务为刘某与王某夫妻共同债务。故不能在执行程序中认定案涉债务是刘某与王某的夫妻共同债务，也不能追加王某为本案被执行人。❸

又如山西省高级人民法院［2021］晋民终 260 号民事判决书载明：涉及夫妻共同债务的案件，事关交易安全、社会诚信和家庭稳定，既要注意可能存在夫妻双方恶意串通损害债权人利益的情形，也要注意可能存在夫妻一方与债权人恶意串通损害配偶另一方利益

---

❶ 郭林涛："审与不审的选择——执行异议之诉中涉夫妻共同债务问题的处理"，载《山东法官培训学院学报》2017 年第 6 期，第 22 页。

❷ 唐东楚、高松琼："追加配偶作为被执行人的反思"，载《济宁学院学报》2020 年第 1 期，第 56 页。

❸ 参见吉林高院［2021］吉民再 203 号民事判决书。

的情形，特别是要防止简单地将夫妻关系存续期间发生的债务都认定为夫妻共同债务。涉及夫妻共同债务案件，应当严格按照法律的有关规定认定是否属于夫妻共同债务，既要注重保护债权人的合法权益，又要注重保护未共同举债的夫妻另一方的合法权益，同时要严守法定程序，保障当事人的诉讼权利。如有证据证明可能存在夫妻双方恶意串通损害债权人利益的，应经由审判程序认定，而非在执行程序中直接认定。一审法院直接认定案涉债务属于夫妻共同债务，由夫妻共同财产（即案涉房屋）偿还，扩大了执行依据的判项，没有法律依据，应予纠正。❶

四、执行中追加配偶为被执行人的可行性辨析

法律规定具有局限性和滞后性，尤其是在当今经济飞速发展和诉讼爆炸的时代，立法机关难以对司法实践中出现的法律漏洞及时进行填补和修正，而司法者时常通过法律续造、法律推理适用等技术方法化解个案窘境，但代价是被诟病滥用自由裁量权，损害司法权威。本文所探讨的执行中追加债务人配偶的问题即属于该种情况。笔者在价值追求、执行权的扩张与限缩、保全可供执行财产、法律效果等四个方面对肯定说与否定说两种观点加以对比后认为，在对相关程序予以改良完善并充分保障当事人诉权的前提下，在执行中追加名义债务人配偶为被执行人是更优选择。

（一）执行中追加配偶是效率优先的内在要求

两种观点的区别首先体现在其背后价值的碰撞。肯定说强调执行效率，认为在执行程序中追加配偶可以减少讼累，尽快实现债权人胜诉权益；否定说则将公平放在首位，主张只有通过诉讼才能确定债务性质，保障配偶的诉权及实体权利。

---

❶ 参见山西高院［2021］晋民终 260 号民事判决书。

诚然，公平是法治的精髓，关乎大众对法治的信心和司法权威，包括实体和程序公正、审判和执行公正。如果审判公正而执行不公正，审判公正也只能是"无果之花"。执行程序的功能价值体现为尽快以合法方式兑现债权人的胜诉权益，使裁判文书确定的权利义务关系得到落实。❶执行程序追求效率也绝不是以牺牲公平为代价。❷法谚有云，迟来的正义是非正义。债权人经过漫漫诉讼路取得生效法律文书，迫切需要从纸面权益变成现实权益，执行中若以公平为名而设定不必要的程序，显然与法治背道而驰，追求执行效率本身正是为实现法治公平，故执行中追加配偶更能体现执行程序首先追求的效率价值。

（二）执行中追加配偶是执行权适当扩张的必然要求

执行权的扩张与限缩之争伴随着整个执行理论的发展。执行权扩张主义者主张赋予执行权更大的裁判权，介入尽可能深层次的实体问题判断，而对债务性质的判断并非十分复杂的法律问题，执行中予以判断并未突破合理限度。执行权限缩主义者则主张对执行权予以尽量限制，执行权不应过多介入对实体问题的判断，债务性质问题属于较为复杂的实体性问题，绝非执行权可以胜任，必须交由审判权处理。

执行权的扩张已具备一定的理论和实践基础。执行权分为执行实施权和审查权（包括异议、复议、申诉等权利），执行措施的开展不可避免地涉及实体问题的判断，只是复杂程度有别。事实上，《追加规定》中所罗列的多种情形明显属于实体判断的内容，有的甚至比债务性质的判断更为复杂，如对公司股东是否存在出资瑕疵的认定，不仅要结合证据审查股东是否履行了出资义务，还要综合

---

❶ 肖建国主编：《民事执行法》，中国人民大学出版社 2014 年版，第 157 页。
❷ 叶光辉："执行夫妻一方个人债务时的配偶利益保护"，载《人民司法》2018 年第 5 期，第 106 页。

考虑认缴制下股东出资期限利益保护与债权人利益的平衡。❶举重以明轻，鉴于较为复杂的股东出资瑕疵等问题尚且能通过执行程序作出判定，则夫妻共同债务性质问题更无需多言。

（三）执行中追加配偶有助于降低财产流失风险

肯定说主张对追加配偶的申请立案审查，当事人不服的，可以提起异议之诉。少部分观点认为事实清楚、争议不大的可以通过复议程序解决。否定说主张对该追加申请不予立案受理，告知申请执行人通过再审或夫妻共同债务确认之诉解决。

笔者认为，另行启动诉讼程序可能导致与执行程序的脱节，贻误执行良机，尤其是在债务人与配偶离婚的情况下，人民法院对于登记在配偶一方名下的财产无法及时采取控制性措施，为债务人与配偶串通转移财产规避执行提供了可乘之机，即便另诉取胜，也将面临无财产可供执行的风险。那么，另诉的价值何在？若在执行中追加配偶，可较为便捷地对配偶名下财产采取控制性措施，防范被执行人与配偶串通转移财产，损害申请执行人利益。

（四）执行中追加配偶有助于提升程序效率

从所检索出的案例来看，在裁定结果为准许追加配偶的案例中，相当一部分被追加的配偶并未提起异议之诉或复议，在某种程度上可以理解为其认可追加裁定，并接受即将承担的法律后果。因此，执行中追加配偶在一定程度上避免了后续诉讼，减少了对司法资源的消耗，❷从而高效地实现了债权人合法权益，法律效果较好。

反观否定说。另诉意味着程序的复杂化，增加的不只是债权人

---

❶ "变更、追加执行当事人案件的审理思路和裁判要点"，载 http://Jszx. court. gov. cn/main/ExecuteResearch/271261. jhtml，2022 年 3 月 18 日访问。

❷ 任重："民事诉讼法教义学视角下的'执行难'：成因与出路——以夫妻共同财产的执行为中心"，载《当代法学》2019 年第 3 期，第 46 页。

的讼累，更可怕的是会引发债权人的负面情绪和对法院的消极评价。而且，另诉结果与执行中直接追加配偶的结论可能是一致的，相较于执行中直接追加所带来的一锤定音，冗长的诉讼程序无疑是不经济的，会浪费本就紧张的司法资源。

由此，对于执行中出现的实体问题不应一刀切地划归审判权处理，关键应以事项的复杂程度而定。就夫妻共同债务性质的判断而言，从所检索的案例来看，案由主要为合同之债，又以民间借贷居多，相关事实认定与法律适用总体并不复杂。而且，执行中的结论仅为初步判断，赋予当事人异议之诉的权利，如果各方均未提起诉讼，则追加裁定自然发生法律效力；如果当事人提起异议之诉，则要根据最终实体审判结果决定是否予以追加并对配偶采取执行措施。因此，执行中直接追加配偶并赋予其异议之诉的救济途径，并不会剥夺配偶的诉权。相较于否定说，肯定说更为合理可行。

五、追加配偶为被执行人的程序设定

（1）增设追加配偶为被执行人的条款。追加当事人毕竟涉及第三人的实体权利和程序权利，必须坚持追加法定原则，即未规定的情形不得追加，以限制追加的随意性。目前，执行中追加配偶尚不在法定追加情形之列，为解决追加配偶法定化问题，可将其列入未来可能出台的《强制执行法》中，也可通过修订《追加规定》或单独制定司法解释的方式增设。

（2）异议案件的立案审查。追加当事人应在执行案件中处理，还是另立异议案件审查，在司法实践中做法不一。有的法院以原执行案号作出追加裁定，当事人不服的，可对追加裁定提出异议；有的法院则另立执异案号办理，当事人不服的可以申请复议或提起异议之诉。不少法院在以执行案号作出追加裁定后，并未交代救济权利，而是载明"本裁定送达后即发生法律效力"或"本裁定立即执行"，明显剥夺了当事人程序权利。对此，最高人民法院在2019

年8月29日作出的《关于执行程序中被追被执行人是否应当作为执行异议立案审查的咨询》答复函中明确指出，追加被执行人依照《关于人民法院案件案号的若干规定》，以案件类型代字"执异"立案审查，符合法律、司法解释和规范性文件的相关规定，也避免了剥夺当事人诉权的发生，从而统一了司法标准，故执行中追加配偶的案件亦应遵照该规定，另立异议案件审查。

（3）参照诉讼保全的方式对配偶的个人财产采取保全措施。根据法律规定，人民法院在执行中可以执行被执行人权属范围内的财产，该规定较为原则和笼统。司法实践中情况非常复杂。例如，登记于债务人配偶名下的财产属于夫妻共有财产还是配偶个人财产，尤其是在夫妻已离婚的情况下，增加了判断权属的难度；对于夫妻共有财产，是否需要先析产再执行，❶或先执行再析产，囿于篇幅，本文不作展开。人民法院根据权利外观，经初步判断明显属于配偶婚前财产或离婚后分割给配偶的财产，或无法判定财产权属的，人民法院不能执行，但债权人主张涉案债务属于夫妻共同债务并申请追加配偶的，可在提出追加申请时一并提出财产保全申请，人民法院参照诉讼财产保全的规定办理。

（4）组成合议庭进行听证。根据《追加规定》，事实清楚、法律关系简单、双方争议不大的追加申请，人民法院可以不经听证，直接书面审查作出追加裁定；而对于事实难以查清、法律关系复杂、双方争议较大的申请，人民法院应当召开听证会。鉴于追加配偶问题长期存在争议，加之可能存在夫妻之间串通损害债权人利益或名义债务人与债权人串通损害配偶的情况，笔者建议无论事实清楚与否、是否存在较大争议，即便配偶认同并配合追加，亦应召开听证会，经由严格的举证、质证、申辩过程，充分保障当事人诉讼权利，既要审查追加是否有事实与法律依据，也要防范虚假诉讼。

---

❶ 张海燕："执行程序中被执行人配偶追加问题研究"，载《当代法学》2019年第1期，第33~34页。

（5）交代异议之诉救济途径。《追加规定》第 14 条、第 17～21 条规定了五种以异议之诉作为救济途径的追加情形。相较于其他追加情形，该五种情形的法律关系较为复杂，事实查清难度较大。以追加抽逃出资股东为被执行人的情形为例。法院对于抽逃出资的认定需在结合证据规则、日常经验法则和价值标准的基础上，审查公司在完成验资后股东能否证明公司注册资金全部或部分转出的正当性及抽逃出资股东应承担财产责任的范围等。❶判定夫妻共同债务性质的难点是借贷资金是否属于家庭日常生活的范围。家庭日常生活的范围包括食品、衣着、家庭设备用品等八大类家庭消费，应结合夫妻共同生活的状态（如双方的职业、身份、资产、收入、兴趣、家庭人数等）和当地一般社会生活习惯予以认定。此外，满足家庭日常生活需要还包括未成年子女的抚养和教育费用支出、家庭成员的医疗费用支出等事项。❷在夫妻已经离婚并对财产作出分割的情况下，分割约定能否对抗执行，要综合考虑离婚时间与债务发生、执行依据作出时间的先后顺序，以及是否存在相关方恶意串通的情形等。仅凭异议、复议程序显然是对当事人的程序权利保障不够充分，不能确保审查的公平与公正，最终必须诉诸于较为规范和严格细致的诉讼程序。因此，执行中追加配偶的情形应适用异议之诉的救济途径。

结　语

或许出于对名义举债一方履行能力的信赖，或许出于暂未与名义债务人撕破脸皮，或许出于对相关法律规定掌握的匮乏或理解上的偏差，无论何种原因，债权人在起诉时如未将债务人配偶列为被

---

❶ "变更、追加执行当事人案件的审理思路和裁判要点"，载 http://Jszx. court. gov. cn/main/ExecuteResearch/271261. jhtml，2022 年 3 月 18 日访问。

❷ 冉克平："论夫妻共同债务的类型与清偿——兼析法释［2018］2 号"，载《法学》2018 年第 6 期，第 72 页。

告，将导致生效法律文书仅确定夫妻一方的法律责任。执行中追加债务人配偶并非法定追加情形，更遑论直接执行其个人财产，这显然不符合债权人的预判。许可执行程序追加债务人配偶为被执行人可以妥善解决否定说所担忧的公平问题，更能体现执行所追求的效率价值。当然，许可配偶追加需要通过科学地设定追加程序。另外，为最大限度地维护自身合法权益，债权人如认为所涉债务属于夫妻共同债务，并希望以夫妻所有财产为其债权提供担保，即应在起诉时将名义债务人配偶一并列为被告，而人民法院也应在立案、审理阶段向债权人释明只起诉夫妻一方的法律风险，❶以免在执行阶段再产生追加或另诉的困扰。

The Feasibility of Adding the Spouse of the Nominal Debtor as the Enforcee in the Execution Procedure

Zhao　Yong-gang

Abstract：Whether the spouse of the nominal debtor can be added as the enforcee has always been a hot and difficult issue in the theoretical and judicial circles. Until the promulgation of Provisions of the Supreme People's Court on Several Issues concerning Alteration and Addition of Parties in Civil Execution (hereinafter referred to as the Additional Provisions), two additional views of "affirmative" and "negative" have existed for more than 20 years. Judicial interpretation makes all the adding enforcee circumstances explicit and legal, and emphasizes that the adding procedure is limited to legal circumstances, but adding spouse is not included, thus ending the legal grey zone for a long time. However, the voice of supporting the addition of spouse of the nominal debtor has

❶ 杨武贤："涉夫妻共同债务纠纷执行异议之诉审判实务问题研究"，载《山东法官培训学院学报》2017年第6期，第31~32页。

not stopped in academic circles. In practice, the way to add the spouse of the nominal debtor is blocked, so it is not reasonable to refuse to add the spouse. Adding the spouse of the debtor as the enforcee in the execution procedure is conducive to the fair protection of creditors and the improvement of procedural efficiency. The addition of the spouse of the nominal debtor shall set up scientific review and relief procedures.

Key words: add, spouse of the debtor, common debt of couple, enforce

【比较法视野】

中国向德国进行海外追赃的模式与难点突破

黄礼登　杨涌[*]

摘要：虽然中国与德国并没有签署引渡或刑事司法协助条约，但中国在德国司法协助法律框架下能够通过三种模式进行海外追赃。在引渡随附移交财物的模式下，追赃成功与否直接受到死刑、政治犯罪等制约引渡本身因素的影响，中国需要处理好不判处死刑承诺的可信度问题，通过举证来强化德国法官关于非政治犯罪的确信；在执行外国没收裁决而移交或分享财物的模式下，中国的审判程序将受到德国法官的苛刻评判，特别是被追诉人归案后无法保证对特殊没收程序进行再审问题；为外国刑事侦查提供"其他协助"的模式具有查清在德涉案款物、以较低程序标准移交给中国的巨大优势，但同时也有权利纠纷风险和移交不彻底的局限。中国在寻求德国刑事司法协助时，根据案件情况，在法律层面进行精细的技术

---

　　[*] 黄礼登，西南财经大学法学院副教授；研究方向：刑法学、国际刑事司法协助制度；杨涌，四川省成都市新都区人民检察院检察官。本文为 2019 年度国家社会科学基金项目《德奥瑞检察机关在国际刑事司法协助中的作用与我国的应对研究》（批准号：19BFX087）阶段性成果。

化应对，可以为克服无条约司法协助海外追赃的困境开辟道路。

关键词： 国际刑事司法协助 追赃没收程序 返还财物 德国

在国际刑事司法协助领域，中国存在条约利用率低的情况，而向无司法协助条约国家寻求司法协助的实例则更少。在理论和实践中，学界对无条约情况下的司法协助有一定误解。比如，有人认为，只有在互惠条件下才可能请求他国提供协助。[1]实际上，以司法协助方式追赃因可以由协助国分利，协助追赃而不一定以互惠为原则。过去曾有学者认为，请求外国法院执行中国法院没收赃物、追缴犯罪所得的裁决，是追求将财物没收给中国，可同意协助国从中分享利益。[2]而现实的操作则恰恰好相反，不少国家均主张按其国内法没收制度执行。例如，德国规定，执行外国没收裁决所得的财物应进入其国库，但请求国可以要求分享。[3]还有很多国内资料并没有提及另一种追赃方式，即可以请求他国为自己在侦查程序中追缴财物提供协助。在此种情况下，被请求国通常不需要请求国的相关裁决，否则便属于执行外国裁决的协助。研究海外追赃的成果大多以"多数国家""不少国家"等方式来全域视角呈现，但一些结论实际上并不具有普遍意义。海外追赃往往针对的是一个具体的国家，在没有条约时，该行为适用的是该国的国内法。鉴于此，本文将以德国为例，就海外追赃的难点和突破进行深入剖析，以期对海外国别追赃提供具有参考性的方案。目前，中国和德国还没有签订引渡条约和国际刑事司法协助条约，由于两国关系因经贸合作、人员往来而日益紧密，这使得两国在刑事司法协助领域具有了较大

---

[1] 裴兆斌：《追缴腐败犯罪所得国际司法协助研究》，中国人民公安大学出版社2013年版，第27~30页。

[2] 高俊义："国际刑事司法协助中'犯罪资产分享'问题初探"，载《公安研究》2005年第12期，第74页。

[3] Harckner/Schierholt, Internationale Rechtshilfe in Strafsachen, München 2012, S. 237. 结合《德国刑事事务国际司法协助法》第77条、第56条b以及《德国刑法典》第75条的规定可以得出这个结论。

的协助需求和合作空间。

德国规范国际刑事司法合作的基础性法律是《德国刑事事务国际司法协助法》❶。在该法律的框架下，与无条约国家进行司法协助有三种模式：一是引渡协助；二是执行外国裁决的协助；三是与刑事侦查有关的其他协助。相应地，与德国没有签订双边或多边刑事司法协助条约的国家，如果向德国追索涉案赃款赃物，也只能在上述三种协助模式下寻求合作。此外，外国主体可以通过参加德国国内的刑事程序，以受害人的身份请求返还自己拥有的财物。在海外追赃问题研究文献中，有学者论述了以遣返进行追赃的方式，❷但德国移民法上的遣返实际上是一种国内法的处置方式，因为在涉及大额款物时往往会涉嫌其国内犯罪。但上述国内刑事程序并非严格意义上的国际司法协助。因此，本文讨论的范围仅限于《德国刑事事务国际司法协助法》框架下向德国追赃的问题。❸

一、向德国追赃的基本模式

（一）引渡协助中的随附追赃

根据《德国刑事事务国际司法协助法》第 38 条的规定，在第三国请求德国提供引渡协助时，即便请求国没有专门请求交还涉案款物，德国也可以主动将与引渡有关的物品移交给请求国。因此，这种追赃形式能否成功的关键，首先在于能否成功获准引渡，其次是否满足引渡中财物转交的法定条件。

---

❶ 即 Gesetz über die international Rechtshilfe in Strafsachen，简称 IRG。

❷ 高一飞、韩利："国际反腐败合作中的追逃附带追赃"，载《政法学刊》2020 年第 4 期，第 85 页。

❸ 文章引用了一些案例来进行论证。由于目前还查不到中德直接刑事司法协助的案例，所以该文引用案例基本上来源于其他国家和德国的司法协助。根据德国的司法传统，法官参照既有案例是一种常态，因此这些案例对于中德司法协助案件也具有很高的参考价值。

1. 引渡的条件

引渡有三项积极的实体条件：第一，互惠原则；第二，双重犯罪原则；第三，达到最低处罚限度。此外，引渡成功的消极条件是不存在阻碍引渡的情形。

无引渡协议的国家，只有在互惠原则得到保障的情况下，才允许向请求国引渡被追诉人。所谓互惠，就是德国给别的国家提供刑事司法协助，需要确保德国作为请求国提出引渡请求时也能获得对方国家的协助。互惠原则源自对国家主权平等原则的坚持。其作用在于借助互惠原则为促进国际刑事司法合作施加"健康的压力"（wohltätigen Druck）。[1]互惠原则的实现，不能仅仅停留在请求国形式上作出了保证，被请求国的法院对此也要进行具体的评估。评估的权力主体是德国的州高级法院。它一方面要判断德国在类似案件中向对方国家提出的引渡请求能否预期得到协助；另一方面也要判断德国会不会提出这样的请求。如果该国过去曾存在不遵守自己所作保证的情况，会影响法院当下的评估结果。对于请求国的引渡法律，州高级法院在必要情况下可以向本国外交部或联邦司法局寻求有关比较法上的意见。

满足双重犯罪原则意味着引渡所依据的行为在请求国和被请求国都应是可罚并且都是可以追诉的。存在个人的刑罚排除事由（比如无刑事责任能力）并不影响双重犯罪原则的成立。被请求国检验可罚性的成立时，需要将请求国提出的作为引渡的基础事实进行转化，假设其发生在德国，从而考察其是否属于德国刑法上具有构成要件该当性的违法行为。通行观点还认为，如果行为根据德国法可以被正当化，那么也是不允许引渡的。[2]在事实认定上，引渡不适用存疑有利于被告原则。即便有迹象表明对方法院认定事实并不正

---

[1]　Jescheck, Die Internationale Rechtshilfe in Strafsachen in Europa, ZStW 66（1954）, 518, 527.

[2]　Harckner/Schierholt, a. a. O. , S. 34/35.

确，原则上德国法院仍然接受对方法院的认定。但当有特殊情况存在时，德国法院可以对事实作出例外的认定。比如，被指控人就在被请求国的监狱中，由此可以清楚排除其在犯罪现场的事实。而其他单纯不在犯罪现场的证明通常不会引起证据方面的审查，因为这会导致复杂的证据评价问题。双重犯罪原则塑造了两国引渡法的一致性，不仅仅体现了国家平等的思想，更能促进不同国家引渡人员的平等。因此，该原则具有个体正当权益的保护功能。

最低处罚限度原则意味着，如果法定的最高刑罚限度或者其他要剥夺自由的非刑罚处罚没有达到一个最低标准，那么法院可以拒绝引渡要求。《德国刑事事务国际司法协助法》第 3 条第 2 款规定，如果行为或者该行为转化后根据德国刑法可处 1 年以上的自由刑，方可被许可出于追诉目的的引渡。（如果出于执行目的引渡，在请求时尚未执行的刑罚至少为 4 个月。）这种设置最低处罚限度的做法主要是基于比例性原则的考量，因为轻微犯罪适用引渡费时费力，是不值得的。在宪法上，由于引渡触及严重限制人身自由的措施，轻微犯罪加以采用，不符合比例性原则。

引渡障碍存在以下几类情况：一是基于被追诉人员的人身关系形成的引渡障碍，比如不引渡本国人、对陷入个人困境者不引渡等；二是因存在引渡保留规定而不引渡，包括军事犯罪和财税犯罪不引渡、政治犯罪不引渡等；三是基于刑罚和执行原因的引渡障碍，包括死刑犯不引渡、超重的处罚不引渡和可能面临不人道的对待不引渡；四是因违反溯及既往禁令不引渡；五是对案件发生与德国的管辖竞合不引渡；六是已过追诉时效不引渡；七是缺席审判无权利保障不引渡。引渡只有不存在上述情况，才能符合法定条件。

2. 引渡中转交涉案财物的条件

关于引渡程序中请求移交赃款赃物，其法律基础是《德国刑事事务国际司法协助法》第 38 条的规定。这里所说的物品，既包括可作为请求国相关程序中适格证据材料的物品，也包括被追诉者的犯罪所得或者其替代品。

请求移交的条件是：第一，赃款赃物必须与引渡请求中的基础事实有程序上或实体上的关联；第二，赃款赃物可以作为证据材料服务于外国的追诉程序，或者是作为引渡基础的犯罪行为所得或者是其金钱替代品；第三，被追诉人或者第三人对此没有异议或者异议被法院驳回；第四，第三方的权利不受侵害。

实践中，在判断涉案财物与引渡程序的关联性方面，由于德国司法机构对此有时难以做出准确判断，有学者主张，只要发现相关物品和逮捕被追诉人之间，或者与外国引渡请求或者引渡程序存在时间上的关联即可移交。❶对于证据材料是否能够用于外国的追诉程序，德国法院判例强调，根据案件具体情况不能排除其具有证明力，即可认定该证据对于外国程序具有证据意义。在一起意大利向德国提出的引渡案件中，被追诉人被意大利方面指控为犯罪集团的成员，德国法院并不能判断所扣押的证据资料中哪些对于意大利的追诉程序属于关键性证据，德国法院认为，所扣押的材料有待意大利的司法机关进行分类整理，因此都属于可以用于外国程序的证据。❷德国也不需要第三国在请求引渡的材料中详细列明应移交哪些材料或物品，因为请求国实际上也不知道德国方面能发现和扣押什么物品。

犯罪所得既包括行为人事实上直接获得的可移动及不可移动之物，也包括物权、债权、使用权等财产性利益。所谓获得，就是指行为人事实上能够支配的财物。犯罪所得的替代物也属于犯罪所得，指的是通过变卖犯罪所得物品或者权利所获得的利益，还包括在该物品损坏后所获得的赔偿物或者权利变现后的利益。1992 年之前，办案机关认定犯罪所得采用净利原则，要求扣除行为人的投入。但是 1992 年《德国刑法典》修改之后，办案机关采用毛利原则，不再考虑行为人为犯罪所付出的费用。此外，如果法院拥有评

---

❶ Böhm; in: Grützner/Pötz/Kreß, Internationaler Rechtshilfeverkehr in Strafsachen, Lose-blattausgabe, 34. Aktualisierung, 2013, § 38 IRG, Rn. 6.

❷ OLG Karlsruhe Beschluss vom 4. 1. 2016–1 AK 64/15, BeckRS 2016, 1185.

估犯罪所得的足够基础资料，但是又无法得出精确结论，法官有权力估算犯罪所得的价值。❶

《德国刑事事务国际司法协助法》第38条第2款规定，必须要保障第三方的权利不受侵害。其含义是当第三人在涉案财物上拥有权利的时候，该权利不得因财物的移交而受到侵害。比如，当财物上设置了第三方的抵押权时，法院是不允许移交给请求国的。是否满足此项规定不取决于请求国是否对此作出了形式上的保证，而是取决于被请求国对请求国的可信性作出的预估。当被请求国无保留转交财物可能损害第三方利益时，可以要求请求国作出将财物随时返还被请求国的承诺。德国法的这种规定实际上赋予了德国法院或者政府机构对财物的看护义务。❷

引渡附带的移交意味着获准引渡后，即便被追诉人不同意，德国官方也可向请求国移交涉案财物。在通常情况下，在引渡程序中，是否准许移交并不需要法院专门作出裁决，但当被追诉人对移交相关财物有异议时，其可以向法院提出异议。法院也可基于检察院或者第三方的申请，对是否满足移交条件进行裁决。当异议或相关申请被法院驳回后，财物移交才会扫清法律障碍。

（二）执行协助中的追赃

根据《德国刑事事务国际司法协助法》第48条的规定，德国可以为执行外国生效的有制裁内容的裁决提供司法协助，此类协助也适用于外国法院或其他公权机关基于犯罪行为而作出的没收财物命令的执行。可以协助执行的有外国生效的判处刑罚、保安处分、罚款以及没收犯罪所得等裁决。具体而言，执行协助的条件可以被分为一般执行协助条件和关于返还财物执行协助的特别条件。

---

❶ Jescheck/Weigend, Lehrbuch des Strafrechts, AT, 5. Aul., Berlin 1996, S. 791.

❷ Köberer, in: Ambos /König/Rackow, 1. Aufl., 2015, § 38 IRG, Rn. 500.

1. 执行协助的一般条件

第一，请求国应当提交完整的、生效的和可执行的裁决。所谓完整，就是需要提供裁决的全文，而不仅仅是裁决的主文。但是，关于裁决最少应包含什么内容以及裁决理由应写到什么深度，德国并没有提出具体要求。如果还需要澄清有关问题，德国法院可以要求请求国补充材料，或者在德国范围内自行收集证据。裁决应当是已经生效，并且生效的标准是根据请求国的法律而确定。德国规定裁决需要生效之外另行规定裁决可执行的原因是，有的国家对生效裁决还规定了执行条件，只有满足执行条件才是可执行的。

第二，请求国作出裁决的程序需要满足《欧洲保护人权与基本自由公约》及其在德国生效的附加议定书所规定的条件。在 2015 年 7 月《德国刑事事务国际司法协助法》修改之前，该法第 49 条第 2 款规定的外国裁决程序需要满足三大条件，即赋予了被裁决人被听取陈述的权利、获得适当的辩护机会、制裁决定由独立的法院作出。这被认为是达到法治国程序的最低标准。[1]但是，2015 年修法之后，《德国刑事事务国际司法协助法》对外国裁决程序的审查标准更为严格了，需要全面满足《欧洲保护人权与基本自由公约》等文件的标准。这使得执行协助中对外国裁决的程序审查的标准要高于引渡协助和其他协助要求的审查标准。关于程序条件的审查，最值得关注的是缺席判决的效力。如果法院通知了被追诉人或者其代理人，并且承诺给予其参加审理并陈述的机会，被追诉人一方不参加审理，或者他明确表示自己不参加审理同时也不对判决提出异议，那么法院将认为，执行外国缺席审判所作出裁决不存在根本的障碍。如果被追诉人知晓针对他的刑事程序，并且法院在程序中为他指定了辩护人，但是通过逃匿回避该程序，那么就不存在违背国际法上最低保障要求的情况了。[2]

---

[1] BverfG, 9. 3. 1983, NJW 1983, 1726 f.

[2] BVerfG NJW 1991, 1414 f.

第三，满足双重可罚原则。外国裁决所依据的犯罪行为在比照德国法进行事实转换后，也可以依德国法科处刑罚、保安处分、罚款或者下令没收财物。这条双重可罚原则与引渡协助要求的双重犯罪原则不同。对前者而言，可纳入刑事事务国际司法协助的还包括可归为德国法意义上的违反秩序可罚款的行为，它与中国法意义上的行政违法行为类似。此外，双重可罚原则还适用违反法庭秩序等可罚款、可拘留的行为。

第四，满足法定的消极条件。追诉过程中不存在《德国刑事事务国际司法协助法》第9条意义上的裁决，即德国法院对外国执行协助请求所依据的犯罪行为也具有管辖权。

第五，德国法院对犯罪行为作出了相关终结刑事程序性质的裁决。比如，作出生效判决，或者决定驳回开启主审程序的申请、驳回强制起诉的决定、附条件不起诉决定等等。不存在超过执行时效的情况。虽然德国针对请求国的裁决所依据的行为有管辖权，但如果追诉已过执行时效，或者做了事实转换以后在德国已过执行时效，原则上，德国法院不允许为请求国提供执行协助。

2. 返还财物的执行协助的特别规定

协助执行外国有关没收财物裁决时存在如下特殊要求：

第一，对上述第四和第五所规定消极条件的例外规定。根据上述第四个条件，如果存在管辖竞合情况并且德国法院也作出了终结程序性质的裁决，则不允许提供执行协助。但该原则不适用于协助执行外国没收财物的裁决。即便就同一犯罪事实已经存在上述终结程序性质的德国裁决，但如果可以根据《德国刑法典》第76条a的规定对同一犯罪事实独立作出没收财物的决定，仍然可以为外国没收财物的裁决提供执行协助。比如，存在不能确定行为人或者行为人被赦免的情况因而终止程序。此外，根据上述第五个条件，超过执行时效不允许对外国裁决提供执行协助，但如果外国没收裁决所依据的犯罪行为不受德国管辖，或者经过事实转换，即使超过《德国刑法典》规定的追诉时效依据，法院仍然可以独立下达没收命令，达到协助执行外国没收裁决的目的。

第二，尊重第三人财物上享有的民事权利。根据《德国刑事事务国际司法协助法》第49条第5款的规定，如果外国所要没收的财物涉及第三方权利，在下列情况下外国裁决对于德国不具有约束力：①程序中没有给予第三方充分主张其权利的机会；②外国裁决就同一事项与德国所作出的国内民事裁决不一致；③外国裁决涉及第三人关于德国境内的不动产或不动产权利，包括预告登记权。

第三，满足注意性的条件。德国提供有关没收财物的执行协助，一般不以互惠原则为条件。根据《德国刑法典》第75条的规定，如果德国执行了对财物的没收，财物的所有权就转归国家。同时，依据《德国刑事事务国际司法协助法》第56条b的规定，德国可以和请求国分享利益。结合上述两条规定，即便请求国与德国不存在互惠的承诺，德国在具体案件中也可以获取财政上的利益。由此能激发其提供执行协助的动力。❶

第四，根据《德国刑事事务国际司法协助法》第49条第1款第3项，关于财物的执行协助要求满足双重可没收原则。亦即要求外国请求所依据的事实设想如果在德国发生，相关财物根据《德国刑法典》第73条等条款的规定也是可以没收的。

（三）其他协助形式下的追赃

《德国刑事事务国际司法协助法》第五编规定了其他司法协助，其被称为"小协助"（kleine Rechtshilfe），其实质上是对外国顺利办理刑事案件特别是刑事调查的协助。按照《德国刑事事务国际司法协助法》第59条第2款的规定，其他协助指的是任何对外国涉刑事事务（stafrechtliche Angelegenheit）的程序所提供的支持。这里的刑事事务涉及的对象不仅包括犯罪行为，也包括那些在外国法上引发制裁后果但在德国没有达到刑事不法标准而仅仅属于行政不法

❶ Harckner/Schierholt, a. a. O. , S. 237.

的行为。故这里的涉刑事事务的程序也不单单是刑事程序，还包括其他处以惩罚（Strafe）作为国家性法律后果（staatliche Rechtsfolge）的程序，比如秩序违反程序（Ordnungswidrigkeitenverfahren）。❶其他协助大体上可以被分为三类：第一类是提供信息的协助行为，这一类行为对于被追诉人的权利干预度较低；第二类是对被追诉人基本权利干预度较大的侦查行为；第三类是纯流程性质的司法文书的送达。与引渡协助和执行协助相比，其他协助在程序和形式上的法定要求较宽松，但某些特别的协助形式应遵守专门的要求。

1. 其他协助的一般条件

从协助原则上看，其他协助并不是一概需要满足双重可罚原则。在协助搜查、扣押和交还物品时要满足双重可罚原则。关于其他协助的内容，应当是两国程序法上允许的和可能的。《德国刑事事务国际司法协助法》明文规定了一些可提供其他协助的情形，比如提供视听讯问、将被剥夺自由的人员临时性移交给请求国、移送证人、移交物品、扣押和搜查物品等等，但没有明文规定的协助可以通过援引《德国刑事事务国际司法协助法》第 59 条的概括性规定而提出请求。有些请求国的措施并非司法措施，而是属于警察措施或者行政措施，但对于德国来说，如果其基础是刑事违法行为，那么便并不影响这些措施归属于德国法意义的司法协助事项范围。据此，中国学界提到的警务合作的实质在很大程度上仍然是德国法意义上的国际司法协助。

从形式条件来看，德国法律对于特殊需协助的措施规定了相关的形式条件，比如关于请求扣押物品，请求国需要提交扣押令。其他协助的请求及其附件还应当以德国的官方语言进行翻译。《德国刑事事务国际司法协助法》第 59 条第 3 款也从形式上规定了对其他协助的限制性条件，即德国可以提供的国际刑事司法协助只限于德国国内法规定的法院或行政机关之间可以提供的司法协助。有德

---

❶ Johnson, in: Grützner/Pötz/Kreß, a. a. O. , § 59 IRG, Rn. 7.

国学者将其解释为限于提供德国国内的公务协助（Amtshilfe）❶，这实际上更为准确。这种限制性规定的主旨在于保障国家在行使主权行为时也要尊重相关人员的基本权利，让国家性行为受到法律的约束。❷这项规定在实践中引申出了一系列禁止提供其他协助的内容，比如被请求协助的外国程序若含有判处死刑风险、可能引发政治性追诉、可能侵犯身体完好性、不满足最低公平程序原则，则不得提供协助。

从实施层面来看，被请求的协助行为基于德国国内法应该有可实现的可能。这意味着德国刑事诉讼法上的措施不一定需要和外国相关措施一一对应，但应该存在相关的侦查行为类型。这就要求外国的请求是清晰的，即便德国刑事诉讼法上不存在被请求的具体协助措施，也可以适用能达到同样目标的德国相应的侦查措施。

2. 其他协助形式下返还财物的特殊要求

根据《德国刑事事务国际司法协助法》第 66 条的规定，在不存在针对物品的生效且可执行的裁决时，德国可以基于为请求国有关程序充作证据或者以返还涉案物品为目的向请求国移交物品。物品的范围与《德国刑法典》第 73 条及其以下系列条款有关可没收的物品范围的规定是一致的，❸既包括有体物，也包括其他形式的财物，比如债权或其他物上权利。涉案物品必须是犯罪所得（durch die Tat Erlangtes）或者犯罪报酬（für die Tat Erlangtes），通过变卖或者他人对该物赔偿的所得以及该物产生的孳息收益也属于可移交给外国的物品。此外，为犯罪而制造、使用或决定使用的犯罪工具也属于本条款所指的物品。

本条款规定移交物品这种协助形式，与引渡协助和执行协助中移交物品并不一样。后者是以请求国提出引渡请求或存在有效的裁

---

❶ Johnson, in：Grützner/Pötz/Kreß, a. a. O., §59 IRG, Rn. 9.

❷ Johnson, in：Grützner/Pötz/Kreß, a. a. O., §59 IRG, Rn. 9.

❸ Johnson, in：Grützner/Pötz/Kreß, a. a. O., §66 IRG, Rn. 166.

决为前提的；前者是当请求国的刑事程序或者行政处罚程序涉及该物品时，即可仅针对该物品提出移交请求，请求国在收到该物品后方可作出没收或其他处置决定。所以，我们可以把这种移交物品的协助形式理解为"对物的引渡"。

移交物品的协助的前提是要符合"双重可罚原则"，即具有刑事可罚性或者行政可罚性。如果相关物品拟在请求国的程序中充作证据，那么应当阐明理由。移交物品应当保证不得损害第三方权利，并且请求国要给出承诺，一旦因第三方权利被要求交还，那么就应毫不迟延地返还给德国。第三方权利比较宽泛，包括物权、著作权、保密权、抵押权等等。❶

根据《德国刑事事务国际司法协助法》第 69 条的规定，对于可能移交请求国的物品可以先行扣押或以其他方式保全，由此可以进行相关的搜查行为，扣押和搜查令由地方法院签发，情况紧急时检察官或侦查人员也可下令扣押或搜查。对于海外追赃非常重要的是有关现金和存款的移交。对于现金，适用前述有关物品的移交条件和程序。对于存款，德国过去的司法实践认为应该对债权进行扣押，并将由此产生的变现质权（Pfändungspfandrecht）转交给请求国。比如 1989 年瑞士在侦查一起侵占和诈骗案件时，请求德国冻结巴德符腾堡州一家银行账户上的赃款，然后又请求将该账户上的款项转回到瑞士苏黎世区检察院的账户上。卡尔斯鲁厄州高级法院认为依照德国法律，无法将该款项直接转移给瑞士，只能将扣押产生的变现质权转移给瑞士，至于瑞士如何将此质权变现，则是另外一回事。❷在后来的判例中，德国法院改变了看法，认为没有必要绕这么一大圈来进行司法协助，可以直接援引《德国刑事事务国际司法协助法》第 66 条第 2 款将银行的存款转汇给请求国。1995 年，乌克兰总检察院请求德国冻结被追诉人在德国法兰克福一家银行的

---

❶ Johnson, in: Grützner/Pötz/Kreß, a. a. O., § 66 IRG, Rn. 175.

❷ OLG Kalsruhe, Beschluss vom 28. 08. 1991-1 AK 10/91.

账户，法兰克福地方法院同意之后，乌克兰方面又请求将该账户内的存款直接转汇至乌克兰。德国法院认为《德国刑事事务国际司法协助法》第 66 条第 2 款规定可以将犯罪所得的物品交给外国，既然可以直接交付现金，那么便没有理由不可以直接交付存款。❶理论界也倾向于支持这种观点。❷

二、中国向德国追赃的难点与突破

根据目前已有的中国向西欧国家追赃的案例以及其他国家向德国追赃的案例来推演分析，向德国进行追赃还有很多难点。梳理出这些难点，为中国提出应对办法，有利于促进中国向德国进行追赃时获得必要的协助。

（一）死刑问题带来的挑战

死刑问题和上述每一种追赃模式都有关系。德国不允许引渡死刑犯，自然不会在可能判处死刑的引渡程序中同意随附移交涉案财物，德国不承认和执行与死刑有关的裁决，也不允许通过其他协助形式协助外国追赃而促成外国作出死刑判决。虽然目前公开资料还没有看到中国向德国请求引渡、请求执行裁决或请求提供其他侦查协助的案例，但是我们可以未雨绸缪，为将来可能提出的请求作一番推演。

中国曾有向葡萄牙和意大利请求引渡失败的案例。1995 年，在中国向葡萄牙请求引渡涉嫌故意杀人罪嫌疑人杨某某一案中，葡萄牙宪法法院裁决认为，中国公安部的承诺对国内法院没有约束力，从而撤销了澳门高等法院同意引渡杨某某的裁决。❸2004 年，中国

---

❶ OLG Frankfurt a. M., Beschluss vom 30. 07. 1997-2. Ausl. Ⅱ10/96.

❷ Rogall, in: StPO-KK, § 111 c, Rn. 10.

❸ 黄风主编：《中国境外追逃追赃：经验与反思》，中国政法大学出版社 2016 年版，第 125~126 页。

向意大利请求引渡涉嫌犯有强奸罪行的高某某一案中，佛罗伦萨上诉法院认为即便有中方不判处死刑的量刑承诺也不能排除被请求人最终回到国内被判处死刑的可能性。比如，美国联邦政府作出不判处死刑的承诺就无法约束州法院。❶如果涉及向德国请求引渡并随附交还涉案款物，在死刑问题上会面临怎样的局面呢？

《德国基本法》第 102 条废除了死刑，但是依据《德国刑事事务国际司法协助法》第 8 条规定，请求国保证不科处或不执行死刑，可以允许引渡。1964 年德国宪法法院的一个判例强调，并不绝对禁止向可判处死刑国家的引渡，《德国基本法》形成的价值观不能强加给别的国家。❷1982 年宪法法院在一个判决中认为，只要能充分保护被引渡人不被执行死刑，为此请求国作出正式的保证即可，这样向有死刑国家引渡就不存在宪法上的疑虑了。❸值得注意的是，即便是可能判处死刑，只要确保不被执行，德国也是可以考虑引渡的。我国死刑缓期二年执行的判决，由于不能确保两年考验期届满后绝对不会被执行死刑，所以还不能满足德国的这个要求。承诺的形式并不重要，重要的是承诺在国际法上和国内法上具有约束力。德国在司法审查时既要看请求国的法律规定，也要参考以往的经验，在个案中作出判断。德国的一个州高级法院在评判摩洛哥的一起不判处死刑的承诺时，参考了德国外交部国别报告以及德国东方研究所的研究报告，该做法后来引发了宪法诉讼。但宪法法院认为该州高级法院个案判断的具体做法无可厚非。❹因此，中国在提出请求时，对于不判处死刑承诺应当援引《引渡法》第 50 条第 2 款进行明确说明，外交部代表中国政府作出的承诺对于司法机关是有约束力的。

---

❶ 黄风主编：《中国境外追逃追赃：经验与反思》，中国政法大学出版社 2016 年版，第 133~141 页。

❷ BVerfG, 30. 6. 1964, BverfGE 18, 112, 116 ff.

❸ BVerfG, 4. 5. 1982, BverfGE 60, 348, 354.

❹ Kubiciel, in：Ambos / König/Rackow, a. a. O.，§ 8 IRG, Rn. 84.

2011 年，德国罗斯托克州高级法院在对白俄罗斯的一起引渡（强奸致死严重后果的嫌犯）请求的裁决中认为，根据德国外交部对于白俄罗斯遵守法治国原则和符合人权的监禁条件的评估报告，同时基于白俄罗斯与德国同为《公民权利与政治权利国际公约》以及《联合国反酷刑公约》成员国的事实，可以认定白俄罗斯遵守自己作出的不判处死刑的承诺不存在疑问。此外，白俄罗斯还承诺，允许德国在明斯克的官员去监禁场所探望被引渡人员，这使得德国更加相信白俄罗斯会遵守免受酷刑、不人道对待和符合人的尊严的监禁条件的承诺。❶德国的实践表明，对于中国可能提出的引渡请求，德国即便认可了中国有关机关形式上作出的不判处死刑承诺，也还是要对中国是否遵守该承诺作出预判，由此可能会参考一些非中立性的研究报告，并对于后续监禁条件等提出一些苛刻的附带要求，这需要中国站在维护主权的立场上做精细的技术化谈判和应对。

（二）政治犯罪和政治性追诉问题

德国不会对政治性犯罪或政治性追诉的案件提供刑事司法协助。在海外追赃时，无论采取哪一种追赃方式，都可能会面临这个问题。中国当然不会就此类案件主动提出司法协助请求，问题是，不管中方如何定性，被追诉人仍然可能会声明其涉及政治性犯罪或者可能受到政治性追诉，德国官方也会就此进行审查。

在德国司法实践中，法院单方面采信被追诉人陈述的做法会给协助请求带来消极影响。根据德国判决确定的精神，在国际刑事司法协助中，如果被追诉人在德国所作的陈述被法院认为是可信的，就可以作为判断的事实基础。2018 年 2 月 16 日，韩国向德国请求引渡一名在德国的朝鲜人。根据韩国 2015 年 3 月 18 日的逮捕令记载，该朝鲜人骗租了一家韩国公司的奔驰车，然后转手卖给他人。

---

❶ OLG Rostock, Beschluss vom 30. 8. 2011 – 2 Ausl 28/11.

韩国方面强调这是一起经济犯罪，德国卡尔斯鲁厄检察院也认为该案满足引渡条件。但是，被追诉人在德国陈述他是受朝鲜情报机构派遣到韩国去搞外汇的，诈骗所得钱款也汇回了朝鲜。被追诉人为此还提供了他身着朝鲜军事制服的照片。引渡审判法庭认为被追诉人的陈述是可信的，至少是不能否认的，因此可以作为引渡审查的事实基础。法院因而将该朝鲜人的诈骗侵占行为认定是政治性犯罪，从而于2020年8月25日作出裁决，拒绝了韩国的引渡请求。❶

该案给我们带来的启示是要高度重视对此类辩解的应对，并准备相应的反驳证据。有观点总结中国海外追赃过程中的一大现实障碍是不能按照资产流入国家的法律规定提供证据材料。❷这种呼吁重视证据的态度是对的，但也隐含了一定的理解偏差。事实上，在国际刑事司法协助案件中，德国原则上并不对请求国提供的事实进行证据审查，只是审查外国法律文书中陈述的事实是否在德国刑法上也构成可追诉的违法行为。《德国刑事事务国际司法协助法》第10条第1款对有关引渡请求的基础事实的要求是很低的，即外国只需通过一定材料让德国确信外国主管机构在进行刑事追诉或执行程序即可，而不需要向德国证明确实存在该国刑法上足够的犯罪嫌疑，也不需要证明被追诉者实施了该行为。只有在存在极为特殊的情形时，才进行证据方面的审查，比如该被追诉者在案发时人就在德国，而一般的不在场证明还不足以引发德国的证据审查。这种制度设计的理念是，国际司法协助从其本质上讲是对外国刑事司法的一种支持。只要在协助程序中对外国刑事程序是否符合法治国最低要求进行了审查，基本上就可以保证请求国司法文书中所陈述的事实是真实的。此外，为了被追诉人的利益，也不宜让其陷于德国司法机关长时间的审查之中。但我们不能片面地理解德国不进行证据

---

❶ OLG Karlsruhe Beschluss vom 25. 8. 2020–Ausl 301 AR 68/18, BeckRS 2020, 27218.

❷ 赵晨光："论我国腐败犯罪境外追赃机制存在的问题及其完善"，载G20反腐败追逃追赃研究中心编：《追逃追赃国际合作与反腐败法治建设》，中国人民公安大学出版社2020年版，第15页。

审查的制度设计，在涉及是否属于政治性犯罪这种犯罪性质的问题上，由于被追诉人可能会作出违背事实的陈述，因此请求国如果能提供一些客观证据，将有助于打破德国法官单方面对被追诉人陈述的信任。

（三）查清海外赃款赃物的问题

实现海外追赃的目的，前提是查清赃物。中国在实践中向外国提出相关的司法协助请求时，往往只是笼统地提出请求"冻结、扣押与本案有关的一切资产"，为此还请求"调取与本案有关的一切证据材料"。黄风教授认为，这样空泛的请求只会被相关国家束之高阁。❶因此，应当在了解外国可提供具体协助措施的基础上有针对性地提出请求。

德国的"其他协助"就涵盖了可提供刑事侦查所需的相关调查措施。既有专门条文规定的具体措施还有《刑事事务国际司法协助法》第 59 条，即概况授权性规定可涵盖的其他各种对相对人基本权利干涉不深的调查措施。

在明文规定的措施中，对于查清赃物有直接作用的应当是该法第 61 条 b 规定的"共同侦查组"，但是这种措施有条约前置问题，即只有在国际协定或双边协议有安排时才能成立共同侦查组。虽然中德之间尚没有引渡或狭义的刑事司法协助条约，但是双方都是《联合国打击跨国有组织犯罪公约》和《联合国反腐败国际公约》的成员国，该公约对联合侦查做出了制度安排。因此，中国可以在该公约的基础上和德国协商建立共同侦查组，以查清被追诉人在德的财产状况。在实践中，德国对于吸纳国际组织人员或者其他国家人员参加共同侦查组是非常谨慎的，因为这涉及数据保护问题。❷但中国

---

❶ 黄风："建立境外追逃追赃长效机制的几个法律问题"，载《法学》2015 年第 3 期，第 5~6 页。

❷ Wörner, in: Ambos /König/Rackow, a. a. O., § 93 IRG, Rn. 522.

在必要时可以进行尝试，这也是深度推进中德刑事司法合作的一项创举。

此外，询问证人的措施也有可能助力调查海外赃款赃物。在德国国内刑事诉讼中，证人原则上具有陈述义务。但在国际刑事司法协助中，证人是否愿意作证陈述，取决于其本人意愿。《德国刑事事务国际司法协助法》对证人作证采用与《刑事诉讼法》不一致的标准遭到了德国学术界的批评，被认为是一种贬低外国法律制度的规定。❶尽管不能从法律上要求证人陈述，中国仍然可以做这样的尝试，以争取证人自愿告知被追诉人在海外的财产情况。

对于技术侦查手段，德国主流观点认为像监听通信、使用秘密侦查员这样深度干预基本权利的措施，《德国刑事事务国际司法协助法》第59条还不足以作为授权性规定。❷鉴于该法对这些技术侦查措施并没有专门性规定，因此在没有双边或多边条约授权的情况下，外国无法请求德国提供此类措施的协助。

援引《德国刑事事务国际司法协助法》第59条的概括性规定请求德国提供的调查措施包括勘验措施、鉴定、查询人员下落、包括抽血在内的身体检查措施、提取照片或者指纹。最常见的信息查询包括查询各种卷宗、资料库、登记簿上记载的信息。获得被追诉人在被请求国的银行资料对于中国海外追赃程序具有重要意义，但是通过一般查询措施获得的银行信息极为有限。《德国信贷事业法》第24条c第3款规定，联邦金融服务监管局可以为国际刑事司法协助以及国内办理刑事案件需要而提供账号、开户时间、户主、操作账户权利人等数据，但是无法提供流水信息。如果要进一步获得资金信息，则只能通过援引《德国刑事事务国际司法协助法》第67条，通过对该账户的搜查来获得相关信息。但此处的搜查措施是以拟向请求国移送该账户中的资金为前提的，所以该项搜查实际

---

❶ Güntge, in: Ambos /König/Rackow, a. a. O., § 61 c IRG, Rn. 83.

❷ Güntge, in: Ambos /König/Rackow, a. a. O., § 59 IRG, Rn. 35.

上是以已经掌握相关财产信息为前提，而非调查赃款情况的合适手段。若要获得银行账户的更多信息，只能通过请求询问证人的方式来进行。《德国刑事诉讼法》第53条并没有赋予银行工作人员因保守职业秘密拒绝作证的权利，因而其具有作证义务。在国际司法协助法中，外国机关通过司法协助方式直接询问证人时，证人拥有是否作证的自我决定权利。但是，如果请求德国司法机关按照德国国内法由德国相关人员进行询问，证人在原则上负有陈述义务。《德国刑事事务与外国交往条例（RiVASt）》第22条规定，德国按照国内法提供协助措施时，要尽量满足请求国的要求。因此我们建议尽量请求德国法官询问证人，因为证人在法官面前虚假陈述会触犯《德国刑法典》第153条及其以下条款规定的虚假陈述的罪名。这是一条查询被追诉人在德国财产状况的重要途径。中国曾有一起向泰国请求临时引渡陈某一、陈某二案。由于陈某一在泰国的大部分物业财产都是以其当地朋友的名义购买，产权也没有登记在二陈名下，而这些朋友在二陈出事之后全都否认那些财产与二陈有关，所以该案的追赃十分困难。❶这样的事情如果发生在德国，通过询问证人的方式明确告知财产代持者有如实陈述的义务并且作伪证的法律后果则有很大可能查清财产真相。

（四）请求德国承认中国没收裁决的问题

涉及追缴没收财物的案件发生在德国境内，可以通过请求德国承认并执行中国判决中的追缴没收的裁决来实现海外追赃。但是，由此带来的问题是，德国将以审视的目光对中国审判程序进行评判。虽然原则上不对事实和证据进行审查，但如果德国法院认为中国的生效判决关于相关事实认定存在明显错误的，也要进行进一步的证据审查，从而有可能否定中方认定的事实。实践中争议较大的

---

❶ 黄风主编：《中国境外追逃追赃：经验与反思》，中国政法大学出版社2016年版，第19~28页。

是有关缺席裁判的承认和协助执行的问题。德国更有可能极为苛刻地以所谓的"法治国"标准对中国的特别没收程序进行审查。我们可以通过一些案例探索德国对此问题的裁判思路。

2016 年 3 月 31 日，塞尔维亚向德国提出协助执行一起 2012 年塞尔维亚对非法制造、携带、销售武器、爆炸物罪行的缺席判决，2017 年德国斯图加特州高级法院裁决不予许可，因为塞方的审判程序没有达到《欧洲保护人权与基本自由公约》的要求。理由是被告人并不知晓针对他的刑事程序，因此没有机会参加庭审，单纯为其指定辩护人并不能代替自己参加，其也没有放弃过参加，同时没有提出申请再审的权利。❶这就启示我们，中国法院对违法所得的特别没收程序完成后，如果嫌疑人、被告人虽然归案但却没有获得重新审理并出庭的机会，便很可能被德国认为是没有达到公平程序要求。根据中国《最高人民法院关于适用〈刑事诉讼法〉的解释》（法释〔2021〕1 号）第 628 条规定的精神，没收违法所得的裁定生效后，犯罪嫌疑人或被告人到案并对没收裁定提出异议，如果检察机关没有提起公诉，则只能按照审判监督程序对错误予以纠正。而上述司法解释第 457 条对于按照审判监督程序重新审理设置了十项申请再审的条件，如果不满足十项条件之一，再审申请法院就不会被受理或者被驳回申请，申请人就不能获得案件再审的机会。此外，即便启动再审，根据 2002 年《最高人民法院关于刑事再审案件开庭审理程序的具体规定》（法释〔2001〕31 号）第 6 条的规定，存在六种案件可以不用开庭审理的情形。如果受诉法院启动再审后未开庭审理，被告人也没有出庭的机会。这就不能满足德国法上要求法官亲自倾听被告人陈述的要求，可能会被德国法官认为该程序违反了直接言词原则，没有达到欧洲的诉讼程序标准。

对此类问题的处理思路，在 2018 年韩国向德国请求移管被判刑人的引渡案件中也得到了体现。韩国法院以侵占罪缺席判决了被

---

❶ LG Tübingen Beschluss vom 23. 12. 2016–12 StVK 2519/16, BeckRS 2016, 117775.

告人 6 个月自由刑。尽管韩国在请求书中向德国列举了韩国法律中关于缺席审判后可以启动再审的规定，以说明可以保障被追诉人的诉讼权利。但是，德国卡尔斯鲁厄州高级法院仍然没有支持韩国的请求，认为韩国并没有明确阐述被追诉人是否符合再审条件。❶这提示我们，中国在阐释程序公正、被告人权利得到保障时，不能仅仅列举相关法条规定，而是要阐明被告人适用该法律规定的具体理由。此外，中国法律中的"可以"和"应当"的用语可能也会引发问题。在罗马尼亚对德国的一起协助执行缺席判决的请求中，德国法院认为，按照罗马尼亚相关法律的规定，对缺席判决是否启动再审取决于法院的权衡，而非必然启动再审。因此，罗马尼亚的请求不足以满足法治国程序的最低标准。❷在此问题上，建议中国通过司法解释明确对缺席判决中没收财产的裁决，当被告人归案后，经申请应当启动再审，并且进行开庭审理。

（五）刑事侦查中移交财物的问题

"其他协助"为外国的刑事程序移交可充作证据或者犯罪所得的财物，条件较之引渡随附移交和协助执行外国裁决而移交财物要低一些，但是却存在移交不彻底和权利不清晰的问题。根据《德国刑事事务国际司法协助法》第 66 条第 3 款的规定，为了保障第三方的权利不受侵害，德国可以要求请求国作出保证，在德国提出要求的情况下毫不迟延地返还所移交的财物。《德国刑事事务与外国交往条例（RiVASt）》第 76 规定，检察机关应审查并向法院建议是否附条件以及附何种条件同意移交财物。

捷克曾在一起国内刑事程序中向德国提出请求移交被窃并流落到德国的多幅画作，既是为了获取充作证据，也是为了返还被害人因犯罪行为遗失的财产。占有这些画作的德国人并没有犯罪嫌疑。

---

❶ OLG Karlsruhe Beschluss vom 25.8.2020−Ausl 301 AR 68/18, BeckRS 2020, 27218.
❷ OLG Saarbrücken Beschluss vom 17.10.2014−1 Ws 241/12, BeckRS 2015, 273.

法兰克福州高级法院裁决不允许为了返还被害人财产而移交这批画作，但是可以作为证据移交给捷克，条件是捷克必须承诺德国要求返还时立即无条件返还。❶根据《德国民法典》第 937 条的规定，占有人可能通过法定期间、善意、公开、持续占有而取得占有物所有权。德国持有人是有可能获得对这批画作的所有权的。如果将这批画作返还给被害人，可能损害《德国刑事事务国际司法协助法》第 66 条第 2 款第 3 项所保护的第三人善意取得利益。德国办案部门提示捷克方面，如果要求德国占有人返还该画作，可以启动民事救济程序。

对于我国的海外追赃而言，最具有意义的问题是，德国裁决是否放弃要求将赃款赃物退回德国的权利。如果德国法院在移交涉案款物时附上"经要求立即返还"条件，我国即便获得赃款赃物，也很难收归国库或者返还被害人。我国要认识到，这种刑事调查程序中的"其他协助"并不适合解决权利归属问题。因此，我国在寻求此类协助时，应在没有出现提出权利要求的第三方的情况下，注意说服德国无条件移交案涉财物。

结　语

在海外追赃的实操意义上，具体国别的追赃制度研究更具价值。德国在国际司法协助中已经形成了成熟的制度，出现了较多的司法案例。在这种前提下，推演在无条约情况下我国向德国追赃的模式、问题和解决方案，既有助于提升我国在此领域实践的成功机率，还有益于两国将来在谈判、签署双边条约时形成有针对性的内容设计。

---

❶　OLG FrankfurtBeschluss vom 23. 3. 1999-2 Ausl. Ⅱ 10 /98.

Instruments and Remedies to the Problems Concerning Cross-border Recovery of Assets from Germany

Huang Li-deng   Yang Yong

Abstract: Although China has not signed an extradition or criminal judicial assistance treaty with Germany, there are three modes for overseas recovery of properties concerned in criminal cases under the legal framework of German judicial assistance. Under the model of extradition accompanied by the transfer of property, the success of recovery is directly affected by the death penalty, political crimes and other factors that restrict extradition itself, and the credibility of the promise not to impose the death penalty and the proof to strengthen the German judges' understanding of non-political crimes is very important; under the mode of implementing foreign confiscation rulings about transferring or sharing property, the Chinese trial procedures will be harshly judged by German judges, especially after the accused is brought back to the case, there is no guarantee that the special confiscation procedure will be retrial, that is one of fatal defect in the German judges' eyes. ; the mode of providing "other assistance" for foreign criminal investigations has the huge advantage of clarifying the money and property involved in the German case and transferring it to China at a lower standard than the other procedure, but it also has the disadvantages of the risk of rights disputes and incomplete transfer. When our country seeks German criminal judicial assistance, according to the situation of the case, it can open the way for the difficult non-treaty judicial assistance by carrying out sophisticated technical responses at the legal level.

Keywords: international criminal judicial assistance, recovering the property involved in the case, confiscation procedure, Return property, Germany

【学术新声】

我国医疗保障服务协议法学研究综述

康雨婷*

内容摘要：医疗保障服务协议不仅是经办机构与服务机构履行权利义务的规则，还是参保人享受医疗保障权益的基础。从理论基础、法律关系、运行机制三方面对我国医疗保障服务协议法学研究进行梳理后发现，学者们已经意识到医疗保障服务协议的功能和制度价值。研究热点集中在主体权利义务、协议订立与解除、违约责任等方面，并形成了一定的理论共识。同时，在服务协议法律性质界定、经办机构法律定位等方面存在不同的研究观点。总体来看，我国医疗保障服务协议的法学研究尚待深化，需要以实践问题为导向的体系性研究成果。展望未来，医疗保障服务协议的研究应当以参保人权益为本位，从社会法视角探寻法理基础，从契约规制视角健全运行制度。

关键词：医保服务协议 法律属性 运行机制 系统协调

---

* 康雨婷，辽宁大学法学院博士研究生，沈阳医学院，研究方向：社会法。

一、我国医疗保障服务协议的研究背景

2010 年颁布的《社会保险法》（已于 2018 年修正）首次在法律层面提及了医疗保障服务协议（以下简称"服务协议"），规定经办机构可以与医疗机构、药品经营单位签订服务协议，规范医疗服务行为。❶因为我国医疗保障制度采用实物给付方式，以医疗服务为给付内容，所以服务协议不仅是经办机构与服务机构履行权利义务的规则，还是参保人享受医疗保障权益的基础。在"健康中国"战略的实施过程中，服务协议的健全与完善将赋能医保，加快推动"病有所医"到"病有良医"的升级。

我国医保制度建立之初，医疗保障服务采用定点管理模式，由行政手段确定服务机构，即"社会保险经办机构负责确定定点医疗机构和定点药店"（以下简称"两定资格审查"，国发〔1998〕44 号）。这种"强行政、弱合同"的方式在制度运行初期发挥了重要作用，但在一定程度上限制了公平竞争。为落实国务院简政放权要求，人社部于 2015 年取消了两定资格审查，打开了医疗保障服务从定点管理转向协议管理的新篇章。2020 年《中共中央、国务院关于深化医疗保障制度改革的意见》提出了"创新医保协议管理"的改革意见。2021 年国务院办公厅印发《"十四五"全民医疗保障规划》，提出了"健全完善医保协议管理"的发展目标。

在国家稳步推进医保制度改革的过程中，我国学术界对医疗保障服务协议的研究从未停止。因服务协议既涉及广大参保人的医疗保障权益，又涉及专业化程度高、垄断性程度强的医疗服务，学者们围绕服务协议的法律属性、经办机构的法律定位、服务协议的法律责任等方面展开了不懈研究。但是，以往的研究多囿于二元法律

---

❶ 2018 年《社会保险法》第 31 条规定："社会保险经办机构根据管理服务的需要，可以与医疗机构、药品经营单位签订服务协议，规范医疗服务行为。医疗机构应当为参保人员提供合理、必要的医疗服务。"

结构，对服务协议法律机理的研究还不够深刻，尚未形成完善的理论体系。为此，本综述梳理了 2010 年（《社会保险法》颁布）以来的相关文献，并着重分析了 2015 年（取消两定资格审查）以来的法学研究成果，通过反思以往研究中的不足，明确未来研究的方向，以期为强化医疗保障服务协议的理论研究指明方向。

二、服务协议的理论基础研究

（一）服务协议的规范性释义

取消两定资格审查后，学者们对服务协议的内涵展开了诸多研究。关于服务协议概念的界定，学者们普遍认同《社会保险法》的规定。基本观点是，在法律关系要素方面，服务协议的主体为经办机构和服务机构，权利义务共同指向的客体是医疗服务。

关于服务协议的法律特征，杨科雄、郭雪认为，运用合意协商的私法手段来实现医疗保障制度目标的协议兼具公法属性与私法属性。[1]李国庆赞成此观点。同时指出，2000 年《劳动和社会保障部关于印发城镇职工基本医疗保险定点医疗机构和定点零售药店服务协议文本的通知》、2014 年人力资源和社会保障部社会保险事业管理中心发布的《关于印发基本医疗保险定点医疗机构医疗服务协议范本（试行）的通知》均制定了格式合同实施模式，所以服务协议在实践中具有格式性特征。[2]其还指出，服务协议有别于一次给付即可实现合同内容的一时性合同，属于继续性合同。对于服务机构已经实施医疗服务的给付行为，无法恢复原状，只能采用其他补

---

[1] 杨科雄、郭雪：《行政协议法律制度的理论与实践》，中国法制出版社 2021 年版，第 67~85 页。

[2] 李国庆：《医疗保障城乡一体化及其法律问题研究》，中国金融出版社 2020 年版，第 234~236 页。

救措施或者赔偿损失。❶王文军强调，继续性合同债务人的给付会随时间的继续而不断增加。在履行过程中，经常有部分情事是当事人在缔约时无法预见的。建议对合同关系的安定性进行重点保护，防止合同继续性的弊害。❷

关于服务协议的法律性质，《社会保险法》没有作出明确界定，但是规定了签订主体为"社会保险经办机构和医疗机构、药品经营单位"，协议的目的是"规范医疗服务行为"。2021 年国家医疗保障局起草并向社会公布的《医疗保障法（征求意见稿）》（以下简称《征求意见稿》）规定："国务院医疗保障行政部门负责制定医疗保障服务协议管理办法"❸；"医疗保障经办机构与医药机构协商签订服务协议"❹。2020 年《最高人民法院行政审判庭关于国家医疗保障局〈关于将医保管理服务协议统一纳入行政协议管理的函〉的回复函》指出："医疗保障部门为了实现医保行政管理职能和公共服务目标，与相关医药机构协商一致订立的具有行政法上权利义务内容的协议，属于行政诉讼法第十二条第一款第十一项规定的行政协议。"针对服务协议是否应当被界定为行政协议，法学界存在不同观点。

1. 民事合同说

娄宇认为，医保基金有别于公共财政资金。经办机构是受统筹地区参保人的委托向服务机构购买服务的民事主体，具有与服务机

---

❶ 李国庆："医疗服务协议违约责任研究"，载《医学与法学》2020 年第 5 期，第 30 页。

❷ 王文军："论继续性合同的解除"，载《法商研究》2019 年第 2 期，第 160 页。

❸ 《征求意见稿》第 35 条规定："国务院医疗保障行政部门负责制定医疗保障服务协议管理办法，规范、简化、优化医药机构定点申请、专业评估、协商谈判程序，制作并定期修订服务协议范本。国务院医疗保障行政部门制定服务协议管理办法，应当听取有关部门、医药机构、行业协会、社会公众、专家等方面意见。"

❹ 《征求意见稿》第 36 条规定："根据保障公众健康需求和管理服务的需要，医疗保障经办机构与医药机构建立集体谈判协商机制，协商签订服务协议，明确双方权利义务，规范医药服务行为，明确违反服务协议的行为及其责任。医疗保障经办机构应当及时向社会公布签订服务协议的医药机构名单。"

构平等的法律地位。即使将服务协议认定为行政合同，行政优先权也仍然难以有效解决骗保问题。相反，将服务协议认定为民事合同，可以发掘民事法律规制手段在规制骗保中的积极作用。❶郑雪倩等主张，服务协议不具有行政属性，因为经办机构在选择合同相对方、监督合同履行、变更和解除合同等方面没有医保行政管理机关的行政优益权。同时指出，服务协议订立的目的在于规范医疗服务行为，不是合同主体为满足交换目的而自愿订立的。因此，服务协议是特殊的民事合同。❷睢素利则从功能主义的角度定位服务协议属性。其认为，在医疗保障制度实行初期，利用行政的方式可以快速推行制度，但是长期的行政强制模式让服务机构一直处在被动接受地位，不利于制度本身的发展。服务协议逐渐趋于民事化管理会更好地平衡经办机构与服务机构之间的关系，也有利于和谐医患关系。建议用民事救济程序处理服务协议相关纠纷。❸

2. 行政合同说

李晓鸿认为，经办机构是代表公共利益的准行政主体，保留了如监督甚至规范合同实际履行，以及认定对方违法并予以制裁的特别权力。此外，对于服务协议条款、给付条件及医疗方针、报酬等内容，服务机构也没有完全平等的协商机会。❹张卿也持类似观点。其认为，经办机构在合同的签订、履行和争议解决方面占有优势地位。服务协议给协议双方以外的全体参保人提供合理和必要的医疗服务，存在外部公益性特点。❺孙淑云从法律属性、法律地位和职

---

❶ 娄宇："论医疗服务协议对骗保行为的规制方法——惩罚性赔偿的法理与制度设计"，载《中国医疗保险》2018 年第 10 期，第 18~19 页。

❷ 郑雪倩等："基本医疗保险服务协议的法律问题研究"，载《中国医院》2012 年第 1 期，第 8~12 页。

❸ 睢素利："关于基本医疗保险服务协议相关法律问题的探讨"，载《中国卫生法制》2012 年第 1 期，第 15~19 页。

❹ 李晓鸿："论我国医疗保险法律关系的定性及争议回应"，载《甘肃社会科学》2013 年第 6 期，第 152 页。

❺ 张卿："医疗保障基金监管中违约追责和行政处罚机制的协调完善"，载《浙江学刊》2021 年第 6 期，第 49~52 页。

能等方面进行分析，认定经办机构属于法律授权的行政性职能机构。其认为，代表着广大参保人利益的经办机构，对于服务协议的履行、变更或者解除享有优益权，具体包括监督权、指挥权、协议变更权、解除权等。所以，服务协议具有行政属性。❶

3. 混合合同说

杨华认为，医保服务协议在价值追求上兼具公益性和私益性，在本质属性上具有行政权力性和民事契约性，在法律关系上融合了平等性与不平等性，在调整方式上并用公法方式和私法方式。❷赵娴把服务协议看作是一种优化的行政管理方式。分析服务协议的权利义务来源，可以发现其具有行政属性。分析服务协议的形成程序，又可以发现其具有约定性和灵活性。❸李国庆指出，经办机构享有协议变更和解除的行政优益权，所以服务协议具有行政性。同时，服务协议也反映了双方的合意，其双务性、有偿性等又是民事合同的典型特征。因此，服务协议体现了社会公法与私法属性兼具的特征。❹

关于服务协议的功能，向春华认为，服务协议为经办机构与服务机构搭建了协商平台。双方均可向对方发出要约，对协议内容进行磋商。❺黄华波认为，服务协议可以明确主体的权利和义务，是做好参保人员医疗服务管理的一项基础性工作。❻娄宇指出，服务协议有医保基金安全保障功能，经办机构可以在民事范围内监督基金的

❶ 孙淑云："医保行政监督与经办协议管理的边界和协同"，载《中国医疗保险》2021 年第 6 期，第 53 页。

❷ 杨华："基本医疗保险服务协议的法律性质探讨"，载《中国卫生法制》2013 年第 3 期，第 20~22 页。

❸ 赵娴："基本医疗保险定点医药机构服务协议的性质解析"，载《江苏理工学院学报》2019 年第 1 期，第 80~82 页。

❹ 李国庆：《医疗保障城乡一体化及其法律问题研究》，中国金融出版社 2020 年版，第 234~235 页。

❺ 向春华："从审批管理走向契约管理"，载《中国社会保障》2016 年第 4 期，第 74 页。

❻ 黄华波："创新协议管理内涵"，载《中国社会保障》2016 年第 4 期，第 72 页。

支出，管控服务机构的不合理行为。❶张卿主张，服务协议是不同于传统政府"命令控制型"监管方式的市场化管理手段，经办机构根据协议约定的权利义务付款并对服务机构履行协议的情况进行监督管理，比之行政许可、价格监管在实现监管目标方面更具制度优势。❷孙淑云认为，服务协议是经办机构协同、配合行政机关对服务机构开展医保管理监督工作的载体，是医保监督管理的日常性、专业性、智能型、基础性工作。❸

（二）服务协议的法理基础

服务协议不是简单的交易合同，其订立的基础是医疗保障给付制度。以契约方式确定权利和义务是为了规范医疗服务行为。因此，在健全和完善服务协议时，需要充分考虑其外部公益性特征，需要以公共利益理论为指导，达至医保患多方利益关系的平衡。同时，双阶理论较之于整体私法论和整体公法论能更好地处理具有公权力特征与市场交易特征的复杂关系，亦适宜指导兼具公法与私法属性的服务协议。

1. 公共利益理论

在西方法哲学论著中，公共利益理论可谓"言人人殊"，有不存在说、私人利益总和说、公民全体利益说、大多数人利益说、目的性价值说等学说。对此，我国学者王景斌认为，公共利益与公共权力或私人权利有着密切联系，是公共权力行使的道德基础和伦理基础。即便不能规范性地定义，也可从法理上作出描述性的非概念

---

❶ 娄宇："确保基金安全应妥善处理行政监管与协议监管的关系"，载《中国医疗保险》2020 年第 4 期，第 18 页。

❷ 张卿："论医保基金监管中协议管理模式的优化使用"，载《中国医疗保险》2019 年第 10 期，第 45~46 页。

❸ 孙淑云："完善医疗保障基金监管法律制度论纲"，载《中国医疗保险》2021 年第 12 期，第 43~44 页。

式理解。❶立法虽无法精确界定"公共利益"的实体内容，余军建议，通过公共利益价值共识的"程序主义"研究，可以为公共利益的证成寻求合理的制度安排。❷

张晓认为，推进医保治理体系和治理能力现代化是适应新时代的必然要求的。医保治理的核心是"善治"，其目标是追求公共利益最大化，其本质特征是民主化合作。❸余少祥主张，公共利益的范围既包括经济利益，也包括正义、公平、美德等抽象价值。对公共利益的保护应遵循公益优先原则和利益平衡原则。❹梁上上指出，公共利益是现代法治社会的一项重要原则，其内涵会随着时空背景的不同而有所不同。公共利益理论在法律适用过程中需要借助利益衡量方法。要灵活看待其在评价对象与评价标准、抽象利益与具体利益、未来利益与现实利益之间的关系，妥当处理其与国家利益、共同利益等不同利益之间的互相转换。❺

2. 双阶理论

双阶理论是德国学者汉斯·彼得·伊普森在 1956 年出版的《对私人的公共补贴》一书中提出的。该理论解决了以私法形式进行公权力行政时应受何种规范约束的问题。该理论的应用，既可以约束公权力，又可以保障私权益。❻严益州认为，双阶理论将私经

---

❶ 王景斌："论公共利益之界定——一个公法学基石性范畴的法理学分析"，载《法制与社会发展》2005 年第 1 期，第 129 页。

❷ 余军："'公共利益'的论证方法探析"，载《当代法学》2012 年第 4 期，第 18 页。

❸ 张晓："医保治理应以追求公共利益最大化为目标"，载《中国医疗保险》2019 年第 11 期，第 28 页。

❹ 余少祥："什么是公共利益——西方法哲学中公共利益概念解析"，载《江淮论坛》2010 年第 2 期，第 129 页。

❺ 梁上上："公共利益与利益衡量"，载《政法论坛》2016 年第 6 期，第 3 页。

❻ 严益州："德国行政法上的双阶理论"，载《环球法律评论》2015 年第 1 期，第 88~91 页。

济行政分为不同阶段，如此有助于增强对公民权益的保护。❶苏海雨建议，运用双阶理论建构双阶审查模式，分别适用行政法律关系与民事法律关系。既可理顺服务协议中的逻辑关系，又可全面保护当事人的合法权益。❷杨复卫发现，行政机关若秉持传统的命令控制逻辑进行行政给付，会在合同缔结方面产生议价非合意性风险，在合同履行方面产生权义失衡风险，在合同违约方面产生责任承担不相称风险等。其认为，双阶理论提供了合同风险治理的总体方案，可以通过行为约束架构指引和规范主体不当行为来分配风险，通过责任体系架构明确和惩罚不当行为来化解风险。❸

双阶理论将完整事实割裂为不同阶段，也会产生阶段衔接的困顿。为此，郑雅方、满艺姗建议，辩证运用双阶理论的"阶段化思维"，在区分公私法律关系时，不能简单依靠抽象的理论，而应当以行为本身的性质等实质内容作为判断依据。❹胡朝阳认为，破解双阶理论法律调整的困局，需要规范政府权力运行，保障社会组织及公众权利行使，更需要抑制代理人机会主义理路。❺

三、医疗保障服务协议的法律关系要素探讨

（一）服务协议的主体

1. 经办机构的法律定位

中央层面的医保经办机构担负着综合管理、指导和监督之责，

---

❶ 严益州："德国行政法上的双阶理论"，载《环球法律评论》2015 年第 1 期，第 93～94 页。

❷ 苏海雨："论行政协议的双阶审查"，载《理论月刊》2018 年第 8 期，第 93 页。

❸ 杨复卫："政府购买养老服务的合同风险及其法律治理"，载《当代法学》2021 年第 6 期，第 109 页。

❹ 郑雅方、满艺姗："行政法双阶理论的发展与适用"，载《苏州大学学报（哲学社会科学版）》2019 年第 2 期，第 76～78 页。

❺ 胡朝阳："政府购买服务的法律调整体系探析——以代理理论与双阶理论为分析视角"，载《学海》2014 年第 4 期，第 146～147 页。

属于承担行政职能的事业单位，其法律定位相对明确。地方层面的经办机构主要负责办理具体业务，其法律定位在学术界存有争论。虽然有专家建议不去研究经办机构的性质，但王霞等认为，不研究经办机构性质的观点是一种无奈之举。性质认识不明确会影响协商机制、纠纷解决机制等制度的规范化研究。❶吴勇、刘琦认为，经办机构定位模糊导致其服务能力难以提升。建议在税务机关统一征收社会保险费的背景下，尽快明确其定位。❷

对此，学者们主要从实然和应然两种视角进行探讨。娄宇认为，将中央经办机构的性质套用在地方经办机构上的类推缺乏法理依据。地方经办机构的定位应当从其职能进行判断。其认为，地方经办机构是一个集行政管理权和经办服务于一身的组织，不仅要作为公法法人承担行政责任，还要作为"类债权人"履行私法义务。倾向于将经办机构定性为私法主体，按照私法的基本原则为"债务人"一方的参保人提供对价给付。❸

林嘉、曹克奇认为，虽然我国医保经办机构形成了庞杂繁复的管理运行体制，但根据《社会保险法》的规定，可以将经办机构定位为独立于国家机关之外，受国家机关监督的非国家机关工作机构。经办机构虽然在名称上为"经办服务"，但实际上是履行特定的行政职能，行使具有单方性、强制性的行政行为。❹虽然法律规定经办机构可以成为行政诉讼的一方当事人，但是喻术红、李秀凤认为，现阶段的经办机构只是承担技术性、服务性职能的业务执行机构，无法独立担责。建议将经办机构置于权利义务机制之中，从

---

❶ 王霞等："基本医疗保险服务协议存在的问题及政策建议"，载《中国医院》2012年第1期，第17页。

❷ 吴勇、刘琦："社保费统征背景下社会保险经办机构的法律定位探究"，载《武陵学刊》2020年第3期，第57页。

❸ 娄宇："论我国社会保险经办机构的法律地位"，载《北京行政学院学报》2014年第4期，第54~56页。

❹ 林嘉、曹克奇："我国基本医保经办机构的法律地位与制度完善"，载《中国医疗保险》2017年第8期，第13页。

主体、组织、财务等方面将其塑造成独立法人。❶

李国庆强调，要在主体身份上对医保行政部门和经办机构进行明晰，并探索出"行政化"和"民事化"结合的解决模式。其认为，医保行政机关应回归医保行政法律关系中的行政主体地位，行使政府行政事务管理权，负责处理医保法律关系中纯粹的"公法"问题。应赋予经办机构独立的"公法人"资格，使其成为真正意义上的"保险人"。❷李文静指出，经办机构作为法律法规授权的组织，在"管理与被管理"的法律关系中居于管理者地位。但是，在给付国家背景下，给付主体不应仅为享有行政权力的管理者，同时亦应成为给付义务的承担者。其认为，经办机构作为给付义务主体应当是对医保基金运营具有独立权利能力的保险人。❸

2. 服务机构的准入条件

基于市场结构以及行业服务的特殊性，医药机构具有技术垄断、规模垄断、地域垄断的特点。那么，为了化解信息不对称风险，是否应当为服务机构设置特殊的准入条件？对此，学者们可谓见仁见智，观点不一。余军华认为，垄断性让医药机构在订立服务协议时比之经办机构更具信息优势。服务机构可以通过变通性的行为转嫁成本，削弱服务协议的制度效力。其建议在签订协议前设置准入条件。❹李文静发现，各国医保法律法规除要求符合医药机构设立之一般条件外，还根据医保给付的特点设有特别条件。因为医药机构被纳入医保法律关系后拥有了不同于普通医药机构的身份，需要尽可能及时地为参保人提供必要的服务。因此，也建议根据医

---

❶ 喻术红、李秀凤："迷局与反思：社会保险经办机构的主体定位"，载《时代法学》2016年第5期，第15~21页。

❷ 李国庆："医疗服务协议违约责任研究"，载《医学与法学》2020年第5期，第31页。

❸ 李文静："医疗保险经办机构之法律定位——论社会行政给付主体之角色与功能"，载《行政法学研究》2013年第2期，第42页。

❹ 余军华："从行政契约角度谈医疗保险社会治理问题——以定点医药机构协议管理为例"，载《中国医疗保险》2018年第8期，第13~14页。

保需求设置特别的准入条件。❶

对此，有学者提出了不同意见。张卿认为，诸如区域规划、稳定的经营场所、场所最低面积、医师及其他技术人员的最低人数、经营最低时限、数量限制等准入条件，是变相保留了原有的行政审批制度。设置提高市场准入成本的特殊条件会进一步限制市场竞争。其认为，成功进入市场的服务机构不会最终承担提高的成本，而是会通过提高价格将增加的成本转移给服务购买方。避免道德风险的方法不是提高准入门槛，而是尽可能促进市场竞争机制发生作用，充分发挥服务协议的市场化手段优势。其认为，除要求申请人建立与基本医保管理相适应的管理制度、人员安排和仪器设备外，不应设立额外的准入条件。❷

（二）服务协议的内容

1. 经办机构的职责

为了切实提高医保基金使用的安全性与高效性，学者们对经办机构的职能配置进行了探讨。多数学者主张经办机构的职能不可局限于被动支付，应当提升其专业服务能力。张春丽指出，经办机构如果仅是"消极的医疗费用支付者"，将无法发挥抑制服务机构滥用专业优势的功能。建议对其进行"管理式医疗"职能转型。张春丽认为，经办机构不仅要履行政府部门执行机构的职责，还要以患者代理人的身份承担相应义务。❸李文静主张，强化经办机构的医疗服务团体购买者身份。加强其规范医疗服务行为、抑制费用上涨

---

❶ 李文静：《医疗保险法律制度研究》，中国言实出版社 2014 年版，第 213~216 页。

❷ 张卿："论医保基金监管中协议管理模式的优化使用"，载《中国医疗保险》2019 年第 10 期，第 48 页。

❸ 张春丽："我国基本医疗保险经办机构的定位与职能"，载《北方法学》2012 年第 1 期，第 154 页。

的能力。❶林嘉、曹克奇也持类似观点。倡导经办机构转变职能，以积极的服务购买者身份，在保障参保人权益的同时维系基金安全。❷

喻术红、李秀凤主张，经办机构的职责设置要适应国情。一方面，要承载国家赋予的提供特殊公共服务的职能；另一方面，要沿着社会保障的机理在反复的失衡与平衡中不断寻求自洽与发展。其认为，经办机构应当是独立系统的运营者，需要承担参与、指导、监督协议签订与履行的职能。❸董文勇主张，经办机构的服务权及管理权的配置应以相应参与权的配置为前提。建议进行内部科学治理和外部有效竞争的社会化配置改革，改善经办机构的服务管理能力。❹郎杰燕、孙淑云建议，经办机构要正确处理其与行政管理机构之间、医保经办机构行业之间、医保经办机构内部的关系。作为参保人的"经纪人"，经办机构应以控制医疗费用增长、提高医疗服务质量为己任，并尽快实现法人化、竞争化、专业化的职能治理。❺

2. 服务机构的权利义务

学者们普遍认为，服务机构享有获得对价的原权利和相应的第二性权利。向春华认为，服务机构有获取服务费用的权利。同时，在经办机构迟延支付或不当拒付费用时，可要求其承担违约责任。其还主张，服务机构有要求提供培训的权利，有监督经办机构履行

---

❶ 李文静："医疗保险经办机构之法律定位——论社会行政给付主体之角色与功能"，载《行政法学研究》2013年第2期，第48页。

❷ 林嘉、曹克奇："我国基本医保经办机构的法律地位与制度完善"，载《中国医疗保险》2017年第8期，第14页。

❸ 喻术红、李秀凤："迷局与反思：社会保险经办机构的主体定位"，载《时代法学》2016年第5期，第18~20页。

❹ 董文勇："论我国医保服务管理参与权的二元社会化配置——以制度效能为视角的分析"，载《河北法学》2017年第10期，第80页。

❺ 郎杰燕、孙淑云："中国基本医疗保险经办机构治理研究"，载《云南社会科学》2019年第1期，第82页。

职责的权利，有投诉和举报的权利，有提出合理化建议的权利等。❶杨华、沈继宇认为，在协议履行发生争议时，服务机构享有行政救济权，可申请行政复议或向人民法院提起行政诉讼。在经办机构违反协议的情况下，服务机构享有解除权。❷

作为医疗服务的提供者，服务机构最重要的义务是救死扶伤。此外，学者们还探讨了服务机构应当承担的合同义务及其附随义务。李文静认为，服务机构的义务分为实体义务和程序义务。实体义务是指，服务机构应当依照医保给付准则，并尽可能在给付范围内提供医疗服务。设置此项义务是为了防止过度医疗和保障外医疗的发生。程序义务是指，服务机构应当建立与经办机构对接的信息管理系统，为参保人身份核验、医药费用结算等提供便利。❸

李国庆认为，服务机构应为参保人提供合理、必要的服务，合法合规收费；在参保人就诊时，认真进行身份和证件识别；真实、准确、完整地向经办机构提供就医资料和信息等。❹杨华、沈继宇认为，当经办机构需要查看参保人的病例及相关资料时，服务机构应予以合作；当参保人在就诊中发生医疗事故时，服务机构应当及时履行通知义务。❺向春华认为，服务机构应当负有完善数据信息并接受医保等监管部门联网审查的义务；承担医保宣传、教育、告知、普及医疗卫生常识的义务。❻

---

❶ 向春华："医保契约法律制度研究"，西北大学 2015 年硕士学位论文，第 31 页。

❷ 杨华、沈继宇："我国基本医疗保险法律关系的权利和义务探讨"，载《长春工业大学学报（社会科学版）》2013 年第 5 期，第 50 页。

❸ 李文静：《医疗保险法律制度研究》，中国言实出版社 2014 年版，第 216~219 页。

❹ 李国庆：《医疗保障城乡一体化及其法律问题研究》，中国金融出版社 2020 年版，第 212 页。

❺ 杨华、沈继宇："我国基本医疗保险法律关系的权利和义务探讨"，载《长春工业大学学报（社会科学版）》2013 年第 5 期，第 50 页。

❻ 向春华："从审批管理走向契约管理"，载《中国社会保障》2016 年第 4 期，第 31~32 页。

四、医疗保障服务协议的运行机制分析

(一) 服务协议的协商谈判

1. 协商谈判的法律原则

医保制度完善的国家大多运用谈判机制来协调经办机构与医疗机构及药品供应商之间的关系。仇雨临主张，购买医疗服务在本质上是一种市场交易过程。尽管政府在宏观层面的监管不可或缺，但从微观层面来看，市场性质的平等协商谈判原则应该成为处理经办机构与服务机构之间关系的主要手段。❶

周尚成指出，医保协商谈判虽然只限于经办机构与服务机构，但其利害关系涉及全体参保人。因此，应把追求参保人利益最大化作为协商谈判的基本原则。医疗保障制度有国民收入再分配的功能，为了缩小贫富差距、保障社会稳定，在协商谈判中还应当坚持公平优先兼顾效率的原则。❷

华颖推荐学习德国经验。建议把利益相关者的自治管理、共同参与为基础的自治性原则作为协商谈判的法律原则。其认为，国家只需提供法律框架和监督，具体的实施和细节的拟定均交给经办机构和服务机构。通过彼此制衡的平等互动和透明协商取得谈判的共识和平衡点。❸

2. 协商谈判的程序

贺小林认为，在医保协议谈判时，应当广泛听取利害关系人的

---

❶ 仇雨临："医保与'三医'联动：纽带、杠杆和调控阀"，载《探索》2017年第5期，第67页。

❷ 周尚成："我国社会医疗保险谈判机制研究"，华中科技大学2011年博士学位论文，第145~146页。

❸ 华颖："德国法定医疗保险谈判机制探析"，载《中国医疗保险》2013年第6期，第68页。

意见。主张构建多元主体参与医保协商谈判的信息共享平台与平等对话机制。借助大数据云计算技术，收集、处理、反馈信息，在平等对话的基础上，以合作博弈代替非合作博弈。多元主体对话机制的建立，有助于形成共同遵守的、具有实质约束力的医疗保障服务协议。❶李国庆鼓励以联合体形式进行"团购式"的医保协商谈判。除了参与人之外，建议引入卫生技术评估机构作为第三方，对谈判项目的成本和价值进行预估评价，从而降低信息不对称风险。❷

李国庆建议在立法中确立医保谈判的基本程序性规则，包括医保谈判的组织、实施步骤，谈判规则和技巧的使用，磋商的时间和次数，最终协议的签订等内容。❸李文静主张借鉴德国经验。当经办机构与服务机构协商内容或条件无法达成一致意见时，可进入调解程序。此项举措可以防止当事人采取消极抵制措施，避免浪费社会成本。❹

（二）服务协议的解除

1. 解除的条件

针对协议的解除，民商法学者王利明主张遵守贯彻合同严守原则。其认为，合同在生效后，任何一方都不得随意解除。❺崔建远认为，合同解除不同于附解除条件的合同，在符合法定或约定要件的情况下，合同并不当然解除。❻行政法学者闫尔宝建议，参照民事合同原理来看待协议解除，修正乃至摒弃行政行为合法性审查的

---

❶ 贺小林："医保协商谈判和协议管理的政策机制研究"，载《中国医疗保险》2016 年第 8 期，第 18~19 页。

❷ 李国庆：《医疗保障城乡一体化及其法律问题研究》，中国金融出版社 2020 年版，第 212 页。

❸ 李国庆：《医疗保障城乡一体化及其法律问题研究》，中国金融出版社 2020 年版，第 208~213 页。

❹ 李文静：《医疗保险法律制度研究》，中国言实出版社 2014 年版，第 122 页。

❺ 王利明："合同编解除制度的完善"，载《法学杂志》2018 年第 3 期，第 20 页。

❻ 崔建远："附解除条件不同于合同解除"，载《法学杂志》2015 年第 7 期，第 31 页。

传统思路。❶陈天昊也认同"严守契约原则"。其认为，缔约主体为了回应公共利益新需求而解除协议，应属例外。若肆意打破协议约定，行使内容单方、效果即刻的高权行为，不仅会干扰公共服务的稳定性，还会抬高缔结协议的成本，有碍于调和协议约定的安定性与公益需求的可变性之间的矛盾。❷

让服务机构"退出"，并不是最终目的，规范主体行为才是应有之义。代志明建议，借鉴美国著名经济学家赫希曼提出来的"退出-呼吁"理论，用退出或呼吁的方式给出间接或直接的压力，迫使对方采取措施，"医治"衰退，恢复绩效与活力。❸因服务协议属于继续性合同，王文军认为，在期间尚未届满时，因特殊事由可以允许解除协议。但是，基于保护合同安定性的理由，对特殊事由应设置一定的限制。❹又因服务协议关涉主体外第三人的利益，即参保人的医疗保障权益，刘凯湘认为，合同的解除若均需征得第三人同意，会严重阻碍当事人利用涉他合同达至鼓励交易、节约成本、实现当事人意思自治的目标。❺

李国庆认为，经办机构与服务机构之间可因法定或约定的方式解除协议，在一般情况下不允许通过合意方式来解除协议。在服务协议解除后，对于正在接受服务的参保人，应当采取补救措施或给予损失赔偿。❻但是，我国法律对此尚未作出明确规定。张卿主张，审慎对待服务协议解除，并为解除设置必要的前置程序。因医疗服

---

❶ 闫尔宝："行政机关单方解约权的行使与救济检讨——以最高人民法院司法解释为分析对象"，载《行政法学研究》2020 年第 5 期，第 23 页。

❷ 陈天昊："行政协议变更、解除制度的整合与完善"，载《中国法学》2022 年第 1 期，第 160~162 页。

❸ 代志明："传统合作医疗制度瓦解原因的再思考——基于'退出-呼吁'理论的视角"，载《云南社会科学》2010 年第 1 期，第 118 页。

❹ 王文军："论继续性合同的解除"，载《法商研究》2019 年第 2 期，第 160 页。

❺ 刘凯湘："民法典合同解除制度评析与完善建议"，载《清华法学》2020 年第 3 期，第 162 页。

❻ 李国庆："医疗服务协议违约责任研究"，载《医学与法学》2020 年第 5 期，第 30~31 页。

务具有地域性、便民性特点，一旦解除协议，将使原本便利的参保人不得不转而使用其他的替代性医疗服务。因为这种外部公益性特点，经办机构在决定解除合同前应当考虑参保人获得替代性医疗服务的可能性。其建议在解除前，履行听证程序，充分听取参保人的意见。❶

2. 解除权的配置

《社会保险法》规定了服务协议解除的法定情形 ❷，但是就解除权如何配置的问题，并没有明确的规定。学者们对此看法不一。

有学者主张，解除权应为经办机构独有。李国庆认为，经办机构享有对服务协议的法定解除权和约定的单方解除权，而服务机构并没有任何形式的解除权。如此配置权利，是因为服务协议具有公益属性，应当赋予经办机构行政优益权，对服务机构的解除权进行严格控制。❸向春华认为，服务机构原则上不享有单方解除权。因为服务协议关涉医保患三方当事人，其订立与履行应以参保人利益为核心。同时也指出，为了保护服务机构的权益，对因其无法行使单方解除权所遭受到的损失，应当给予合理的补偿。❹

还有学者认为，双方主体均享有解除权。郑雪倩等认为，虽然在服务协议中强调的是经办机构的合同解除权，但根据合同的基本原则，服务机构亦有解除合同的权利。同时强调，行政优益权单方解除合同的基础是情势变更原则，并非严重违约。所以，解除权不

---

❶ 张卿："医疗保障基金监管中违约追责和行政处罚机制的协调完善"，载《浙江学刊》2021 年第 6 期，第 56 页。

❷ 《社会保险法》第 87 条规定："社会保险经办机构以及医疗机构、药品经营单位等社会保险服务机构以欺诈、伪造证明材料或者其他手段骗取社会保险基金支出的，由社会保险行政部门责令退回骗取的社会保险金，处骗取金额二倍以上五倍以下的罚款；属于社会保险服务机构的，解除服务协议；直接负责的主管人员和其他直接责任人员有执业资格的，依法吊销其执业资格。"

❸ 李国庆："医疗服务协议违约责任研究"，载《医学与法学》2020 年第 5 期，第 30 页。

❹ 向春华："医保契约法律制度研究"，西北大学 2015 年硕士学位论文，第 32 页。

应为经办机构专属。❶杨华、沈继宇也认为，服务机构在经办机构违反协议的情况下，对协议享有解除权。当履行协议发生争议时，服务机构享有行政救济权，可申请行政复议或向人民法院提起行政诉讼。❷

（三）服务协议的法律责任

1. 法律责任的内容

因为服务协议兼具行政性和契约性，其法律责任也具有公法法律责任与私法法律责任融合的特点。杨科雄、郭雪主张，法律责任包括协议上的责任和非协议上的责任。其中，"协议责任必须与协议相关并只能在协议相关的范围内寻求赔偿，一般只涉及协议当事人，主要包括违约责任和部分行政补偿；而与协议不相关，有法律规定而承担的责任，属于非协议责任，包括缔约过失责任、协议履行后义务以及其他行政机关造成损失依法予以的行政补偿"。❸施建辉认为，仅依赖完善的缔约规则，尚不足以保障权利义务的有效实现。不履行缔约规则所负义务的法律责任机制，在保障权利义务的有效实现方面起到重要作用。建议在承担责任方式上，既要有私法契约的损害赔偿，又要有行政契约特有的强制履行和行政处罚。❹结合服务协议的特点，李国庆主张，探索"行政化"和"民事化"结合的模式，实现从"行政法本位"转向"行政法、民法并重"、从"行政行为本位"转向"行政行为、行政协议法律关系并重"。建议增加预期违约行为、损害赔偿责任违约金责任等内容，提升法

---

❶ 郑雪倩等："基本医疗保险服务协议的法律问题研究"，载《中国医院》2012年第1期，第10页。

❷ 杨华、沈继宇："我国基本医疗保险法律关系的权利和义务探讨"，载《长春工业大学学报（社会科学版）》2013年第5期，第50页。

❸ 杨科雄、郭雪：《行政协议法律制度的理论与实践》，中国法制出版社2021年版，第200页。

❹ 施建辉："行政契约缔约过失责任探析"，载《南京大学学报（哲学·人文科学·社会科学）》2007年第5期，第134页。

律责任类型范围涵盖的周延性。❶

医保基金是参保人的"保命钱",为了保障其安全性,多数学者主张对违约行为进行追责,但在选择惩罚性违约责任还是选择补偿性违约责任上存有争议。娄宇认为,惩罚性赔偿具有惩罚、遏制不法行为人以及维护社会公平正义的功能。因为骗保行为损害了医保基金的安全,其主观恶性符合惩罚性赔偿的前提条件。对该行为加以惩罚,让赔偿金进入医保基金,会让参保人受益。其认为,服务协议引入惩罚性赔偿制度,"有利于实现惩戒和威慑骗保行为、维护参保人利益和社会保险制度健康有序推进的目的"。❷张卿提出了不同看法。其认为,补偿性违约金是旨在填平或补偿因违约行为而受损的合同一方的全部损失。为避免医保服务协议设定的违约金过高而被司法调整的风险,建议适用补偿性违约金,约定金额以不超过因违约造成的实际损失的130%为宜。❸

2. 法律责任的承担方式

通过分析我国一些主要省份和城市的服务协议范本,发现法律责任的承担方式主要包括约谈、通报批评、限期整改、拒付(约定到期应付费用)、追扣或追回(已付费用)、暂停结算(区分已发生和将发生服务行为的费用)、支付违约金、解除协议等。❹其中,对于约谈和通报批评可否成为一种违约责任,学者们存在不同见解。

针对约谈,王虎认为,约谈在宏观上秉承了"回应型法"的理论脉络,在微观上对"制度与生活"进行了社会洞察,能够适应风

---

❶ 李国庆:"医疗服务协议违约责任研究",载《医学与法学》2020 年第 5 期,第 31 页。

❷ 娄宇:"论医疗服务协议对骗保行为的规制方法——惩罚性赔偿的法理与制度设计",载《中国医疗保险》2018 年第 10 期,第 19~20 页。

❸ 张卿:"医疗保障基金监管中违约追责和行政处罚机制的协调完善",载《浙江学刊》2021 年第 6 期,第 52 页。

❹ 张卿:"医疗保障基金监管中违约追责和行政处罚机制的协调完善",载《浙江学刊》2021 年第 6 期,第 50 页。

险社会的治理需求。其提出，约谈应超越以"行政行为"为核心的传统法教义学范式，转而从过程论的角度予以反思。完善约谈机制和效果评价规则才能更好地发挥约谈效用。❶基于《社会保险法》的规定、行政法和合同法的基本原理分析，李国庆认为，从法律效果来看，设定"约谈"法律责任形式，目的在于要求违约者履行服务协议约定义务、停止违法行为及消除不良后果。❷对此，张卿提出了反驳意见。其认为，约谈只是双方沟通和检查协议履行的方式。"如将约谈向社会公开，可能会对被约谈对象的声誉造成一定的负面影响，从而形成一定的声誉处罚的效果。"况且，在约谈完成前，违约事实往往尚未得到核实和确认，所以不宜将约谈作为违约责任的一种形式。❸

针对通报批评，李国庆指出："通报批评属于行政处罚中的申诫罚，是行政机关以书面形式将违法者的违法行为公布于众，指出其行为的违法性，予以公开谴责和告诫，避免其再犯的一种处罚方式。"❹而张卿则认为，通报批评涉及人格权中的声誉权，不宜将其作为一项约定的违约责任形式。如将其用作违约责任可能使违约人因同一既违法又违约的行为受到两次通报批评，不符合过罚相当原则。❺朱芒也认为，通报批评具有严重影响权益的后果，"可以概括名誉罚的各个种类，具有统括名誉罚总称的功能"。为了防止出现无法获得实质性救济的损害结果，在作出通报批评前，应严格适用

---

❶ 王虎："风险社会中的行政约谈制度：因应、反思与完善"，载《法商研究》2018年第1期，第22页。

❷ 李国庆："医疗服务协议违约责任研究"，载《医学与法学》2020年第5期，第29页。

❸ 张卿："医疗保障基金监管中违约追责和行政处罚机制的协调完善"，载《浙江学刊》2021年第6期，第51页。

❹ 李国庆：《医疗保障城乡一体化及其法律问题研究》，中国金融出版社2020年版，第240页。

❺ 张卿："医疗保障基金监管中违约追责和行政处罚机制的协调完善"，载《浙江学刊》2021年第6期，第51页。

听证、申辩等事前程序。❶

此外，张卿还建议，将继续履行、采取具体的补救措施作为责任承担的首要形式。当服务机构违约（如未能提供合规医疗服务）时，经办机构可行使拒付、暂停结算（针对已发生的医疗服务行为的付费）和追扣（从即将应付款中追扣已付费用）三项措施。❷李国庆强调，应严格区分行政协议的法律责任规范和履行规范。其认为，应将具有履行抗辩功能的不予结算、暂停结算移出法律责任范畴，划入履行规范之中。❸

五、我国医疗保障服务协议的研究评述

（一）现有研究的评价

1. 重回应实践而轻理论探讨

基于纵向对比发现，医保服务协议的研究成果与法律法规的发布实施趋于同步。政策法规对服务协议赋予的时代使命，影响着学术研究的进程。学者们结合实践问题，从价值论、本体论、运行论等方面对服务协议进行了研究。对服务协议法律关系要素的探讨，回应了经办机构和服务机构的法律定位以及权利义务配置问题。对服务协议运行机制的分析，回应了协议从订立到解除的全生命周期中多方权益如何平衡以及相应法律责任如何设置等现实问题。

但是，对医疗保障服务协议基础理论的研究并不充分。多数研究均局限于部门法的认识，缺乏对医保服务协议这一非典型合同的

---

❶ 朱芒："作为行政处罚一般种类的'通报批评'"，载《中国法学》2021年第2期，第165页。

❷ 张卿："医疗保障基金监管中违约追责和行政处罚机制的协调完善"，载《浙江学刊》2021年第6期，第51页。

❸ 李国庆：《医疗保障城乡一体化及其法律问题研究》，中国金融出版社2020年版，第31页。

认识升华。在分析法律问题时，呈现出对策性研究多、理论性研究少的现象。理论研究深度不够、创新性不足，导致对服务协议实践问题的回应浮于表面，无法从根本上化解权利义务冲突。

2. 有观点交锋但少系统分析

基于横向对比可以发现，服务协议法律性质、经办机构法律定位、服务协议的解除、服务协议的违约责任等方面存在学术纷争。其中，争论较多的是服务协议法律性质和经办机构法律定位两个问题。围绕服务协议是民事合同、行政合同，还是混合合同的争辩，形成了多部门法理论交锋。从法教义学角度扩展了合同属性界定的标准，创新了合同类型，为特殊合同展开规范化研究提供了基础。对经办机构是"类债权人""类行政机关""非独立主体""公法法人""管理者""保险人"的争论，为塑造经办机构独立法人身份、优化其职能开拓了思路。这一探讨不仅是对"政事分开""管办分离"的创新性探索，还顺应了"共建共治共享的医保治理格局"❶规划，有利于医疗保障制度价值的实现。

但是，现有研究多针对医保服务协议的具体制度就事论事，缺乏系统性思维。为服务协议的制度运行设计理想模型时，未强调制度之间的协调性。对具体制度设计进行思想碰撞时，弱化了其与服务协议定位本身的密切联系，忽视了认同与冲突之间的关联性。缺乏统一逻辑和整体思维的研究，无法厘清服务协议在实践运行中产生的复杂关系，不利于利害关系人之间的利益平衡。

(二) 未来研究的展望

1. 从社会法视角探寻服务协议的法理基础

社会法理念旨在回应现实问题，解决民生困境。在经济社会管

---

❶ 《征求意见稿》第48条规定："医疗保障行政部门应推进医疗保障公共管理服务现代化治理，积极引入符合条件的社会力量参与经办服务，建立共建共治共享的医保治理格局。规范和加强与商业保险公司、社会组织的合作，完善激励约束机制。"

制秩序方面，不仅需要限权控权，还需要介入私域和提供社会给付的积极公权。以公共管制权为核心范畴的社会法能解决民生领域法定权利的实有化问题。❶随着中国社会的发展变化，适应市场化改革的深度展开，社会法理论和制度建设立足于满足从突出管理到重视治理的新要求，❷社会法视角适宜优化兼具公益性与私益性的医疗保障服务协议。

以社会法"扶权"论为基础，结合行政法"控权"论、民商法"保权"论、经济法"限权"论思维，❸以"不平等性""持续性""外部性"为研究核心，促进社会法理论与公法理论和私法理论的良性互动。❹理性界定医保服务协议的法律定位、探寻制度设计与实践运行的法理基础是未来研究的方向。

2. 从契约规制视角健全服务协议的运行制度

服务协议是医疗保障制度运行中的关键一环，关乎参保人的医疗保障权益和医保基金使用的公平、效率与安全。在医保基金总量一定、医疗水平特定的条件下，服务协议的优劣直接影响医保制度价值的实现程度。在实施"健康中国"行动中，党中央、国务院多次对医保协议管理制度提出完善和创新的改革意见。

运用契约规制工具，为多方利益主体搭建交流平台，可以进一步化解医保制度信息不对称困境。通过契约方式促进规则与合意的协调，让日常性、专业性、基础性的工作形成可预期的规范化合作模式，可以进一步保障服务协议合理化、合法化的运行。结合《征求意见稿》的规定，医疗保障服务协议范本、主体权利义务配置、

---

❶ 钱叶芳："社会法学的法域、核心范畴及范畴体系"，载《法学》2019 年第 9 期，第 120 页。

❷ 汤黎虹："中国社会法的理性求变与制度创新"，载《东方法学》2015 年第 1 期，第 60 页。

❸ 汤黎虹："对社会法理论基础的再认识"，载《东方法学》2012 年第 4 期，第 47 页。

❹ 丁晓东："社会法概念反思：社会法的实用主义界定与核心命题"，载《环球法律评论》2021 年第 3 期，第 95~96 页。

集体谈判协商机制、违反服务协议的行为认定及其法律责任、对协议订立履行解除的监管、服务协议纠纷的法律救济等具体制度均待研究。

Review of Legal Research on Medical Security Service Agreement in China

Kang Yu-ting

Abstract: The medical insurance service agreement is not only the rule of performing the rights and obligations of the agency and the service agency, but also the basis for the insured to enjoy the rights and interests of medical insurance. It can be found from theoretical basis, legal relation and operation mechanismthree aspects that the studies on legal scholars have realized the function and systemic value. The rights and obligations of the subject, the conclusion and termination of the agreement, the liability for breach of contract are the research hotspot. Some certain theoretical consensuses have formed. At the same time, there are different academic viewpoints on the definition of the legal character of service agreement and the legal orientation of the agency. On the whole, we need to dig deep into the legal research of medical security service agreement with practical problems. Looking to the future, the research on medical security service agreement should be based on the rights and interests of the insured, explore the legal basis from the social law, and perfect the operation system from the contract regulation.

Key words: medical security service agreement, legal character, Operation mechanism, system coordination